Hubert Obendorfer

SMALL & FINE
FINGER FOOD

Fotografie: Matthias Hoffmann

Matthaes Verlag GmbH

INHALT

Hubert Obendorfer:
Was man über Fingerfood wissen sollte 4

GEBACKENES
die große Brotvielfalt 8

ANTIPASTI & TAPAS
rund ums Mittelmeer 30

SALATE
Klassik trifft Innovation 58

SÜPPCHEN
heiß und kalt 78

VEGGIE
knackig, frisch und vielfältig 100

FISCH & MEERESFRÜCHTE
Edles im Kleinen 124

FLEISCH
ein Biss(chen) Hauptgang 146

DESSERTS
cremig, knusprig, lecker 174

Rezeptverzeichnis 196
Impressum 200

> „FINGERFOOD 2012 IST SCHLICHT UND REDUZIERT, ABER DENNOCH AUS HOCHWERTIGEN PRODUKTEN. ICH WILL, DASS ES COOL AUSSIEHT UND IN ERINNERUNG BLEIBT."

Hubert Obendorfer

WELCHES FINGERFOOD BIETEN SIE FÜR WELCHEN ANLASS AN?

Dabei gibt es mehrere Faktoren zu berücksichtigen: z. B. Anzahl der zu bewirtenden Personen, wie viel Zeit steht den Gästen zur Verfügung, soll es nur zum Aperitif gereicht werden oder aber über die gesamte Veranstaltung serviert werden, wie alt sind die Gäste, wird innen oder außen serviert, welche Mittel stehen zur Verfügung usw.

WORAUF ACHTEN SIE BEI FINGERFOOD?

Fingerfood sollte in maximal drei Bissen verspeist werden können und sollte außerdem – wenn überhaupt – nur ein Besteckteil benötigen.

GIBT ES DIE IDEALE GRÖSSE FÜR FINGERFOOD?

Klein und fein wäre die richtige Antwort. Ich persönlich bin aber der Meinung, dass der Geschmack eines Gerichtes weniger gut herausgearbeitet werden kann, wenn Fingerfood zu klein ist. Natürlich soll es trotzdem noch gut und bequem zu verzehren sein.

MIT WIE VIEL FINGERFOOD PRO PERSON IST ZU RECHNEN?

Um diese Frage zu beantworten, muss berücksichtigt werden, ob ausschließlich Fingerfood serviert wird oder zusätzlich noch weitere Gänge. Aber 3 bis 4 Fingerfoodteile sollten eine Portion bzw. einen Gang ergeben.

GIBT ES AUCH FINGERFOOD, DAS SIE NICHT ANBIETEN? WESHALB?

Ich biete grundsätzlich kein Fingerfood an, welches schwierig zu essen ist, denn sonst besteht die Gefahr, dass sich der Gast beim Verzehr schmutzig macht.

FLYING ODER BÜFETT. WAS BEVORZUGEN SIE? WARUM?

Das kommt auf die örtlichen Gegebenheiten der Veranstaltung an. Flying ist für den Gast sicher angenehmer, benötigt aber deutlich mehr Personal. Büfett hat den Vorteil, dass der Gast immer weiß, wo alles zu finden ist und er so nicht warten muss, bis das serviert wird, was er essen möchte.

SPIELT DIE PRÄSENTATION DES FINGERFOODS, SPRICH DIE VERWENDUNG VON BESONDEREN PLATTEN, LÖFFELN ETC. ÜBERHAUPT EINE ROLLE ODER KANN DIES VERNACHLÄSSIGT WERDEN?

Das verwendete Geschirr ist die „Bühne" für das Fingerfood und dadurch natürlich sehr wichtig für den Gesamteindruck. Qualität und Geschmack sind jedoch bei aller Wichtigkeit einer ansprechenden Präsentation auf keinen Fall zu vernachlässigen.

HABEN SIE VORLIEBEN BEI DER PRÄSENTATION VON FINGERFOOD?

Ich mag außergewöhnliche Schälchen, Gläser, Löffel oder Teller, angerichtet auf großen Etageren und Treppenanlagen besonders gerne.

WOMIT ÜBERRASCHEN SIE IHRE GÄSTE AM MEISTEN?

Meiner Erfahrung nach mit einer großen, interessanten Auswahl.

WAS IST BEIM ANGEBOT VON FINGERFOOD AN AUFTRAGGEBER ZU BEACHTEN?

Ein ausführliches Beratungsgespräch ist sehr wichtig. Oftmals ist es auch hilfreich, ein Probeessen abzuhalten, um sich bestmöglich mit den Auftraggebern abzustimmen. Alle Kosten sollten im Vorfeld genauestens aufgeführt werden, um Überraschungen oder Meinungsverschiedenheiten zu vermeiden.

WENN ICH FÜR 50 PERSONEN HÄPPCHEN FÜR DEN SEKTEMPFANG EINER GOLDENEN HOCHZEIT ORDERN WÜRDE. WELCHE FRAGEN STELLEN SIE UND WAS BIETEN SIE MIR AN?

Welche Vorlieben haben Sie? Welcher Kostenrahmen steht zur Verfügung? Je nach Ihren Antworten biete ich Ihnen 3 bis 5 Fingerfoodteile pro Person an und insgesamt auch 3 bis 5 verschiedene Kreationen.

WIE SCHAFFEN SIE ES, MIT VORHANDENEN RESSOURCEN 5000 BIS 10000 STÜCK FINGERFOOD ZUSÄTZLICH ZU FERTIGEN?

Das ist eine große Herausforderung. Es bedarf frühzeitiger Planung, sowohl für Wareneinkauf und Vorbereitungszeit wie auch für Personal und Logistik. Bei dieser Menge sollte man kein Risiko bei der Auswahl des verschiedenen Fingerfoods eingehen. Hier lautet das Motto: Auf Nummer sicher gehen!

EIGNEN SICH IHRE REZEPTE AUCH FÜR LAIEN ODER IST DAS NUR ETWAS FÜR PROFIS?

Ich habe besonders darauf geachtet, die Rezepte einfach zu gestalten, um möglichst vielen Interessierten den Umgang damit zu erleichtern. Zudem ist es mir wichtig, dass jeder Leser die Möglichkeit hat, die Kreationen durch die eigene Auswahl bestimmter Bestandteile, wie z. B. Gewürze, Kräuter oder Cremes etc. zu variieren und ihnen so eine persönliche Note zu geben.

SIE SIND EIN VERFECHTER DES REGIONALGEDANKENS. WESHALB?

Grundsätzlich ist es logisch, dass ich mit meinem Betrieb auf dem Land Zugang zu den besten und frischesten Lebensmitteln habe, und diese natürlich auch nutze. Ich arbeite auch beständig daran, noch mehr Bauern in der Umgebung zu motivieren, besondere Gewächse anzubauen. Natürlich kann man nicht alle Zutaten ausschließlich regional beziehen, ich verarbeite zum Beispiel auch sehr gerne Produkte aus dem Meer, also Fisch und Meeresfrüchte.

BEVORZUGEN SIE BESTIMMTE PRODUKTE VON SPEZIELLEN ANBIETERN UND KÖNNEN IHRE KREATIONEN NUR DAMIT GELINGEN?

Meine Kreationen können mit jeder Art von Produkten aus verschiedensten Regionen gelingen – vorausgesetzt die Qualität stimmt! Ein jeder soll für sich selbst entscheiden, welche Art von Grundprodukten wie Essig, Öl oder Gemüse er verarbeitet, um das den eigenen Ansprüchen genügende Ergebnis zu erzielen.

WIE HAT SICH FINGERFOOD IN DEN LETZTEN 10 JAHREN VERÄNDERT?

Es entstand insgesamt eine größere Vielfalt. Dies wurde begünstigt durch die Tatsache, dass die Geschirrhersteller eine viel interessantere Auswahl an Tellern, Schalen, Gläsern, Löffeln, Recks usw. für Fingerfood anbieten.

WELCHE ENTWICKLUNG WIRD FINGERFOOD IN DEN NÄCHSTEN JAHREN NEHMEN?

Fingerfood wird ein fester Bestandteil des Speisenangebots werden, denn Gäste bevorzugen immer stärker diese sehr ungezwungene Art des Essens mit großer Auswahl.

IST ES ZEITGEMÄSS, INTERNATIONALE EINFLÜSSE UND FINGERFOOD ZU KOMBINIEREN?

Ja unbedingt, das macht den Reiz aus und erweitert die Möglichkeiten für die verschiedenen Kreationen extrem.

GIBT ES FINGERFOOD-KLASSIKER, DIE SEIT JAHREN UNVERÄNDERT AKTUELL SIND?

Sicher gibt es Klassiker wie z. B. Roastbeef, Lachs, Hummer, Gänseleber, Austern oder Garnelen usw. Heute bereitet man sie aber deutlich interessanter zu als früher.

WELCHE 3 REZEPTE AUS DEM BUCH WÜRDEN SIE JETZT AM LIEBSTEN ESSEN?

Den Kalbsschwanzkrapfen, weil er eine so tolle Geschmacksdichte hat. Gänseleber mit Physalisgelee, weil der Schmelz der Leber und die Säure der Physalis wunderbar harmonieren. Und den Melonen-Thunfisch-Spieß, weil die asiatischen Aromen das Gericht so interessant machen.

HUBERT OBENDORFER, ambitionierter Hotelier und vielfach ausgezeichneter Koch, lebt die Gastronomie mit Leidenschaft. Bereits in jungen Jahren konnte er Erfahrungen im Gastronomiebereich sammeln. Sein Weg führte ihn in viele Spitzenrestaurants und Sterneküchen, u.a. Bammes in Nürnberg, Schwarzwälder in München, Hilton Mainz oder auch das heutige Hotel Mandarin Oriental, bevor er sich mit dem Vier-Sterne-Superior Landhotel Birkenhof selbstständig machte. Unter seiner Führung gelingt es seit Jahren, die Leistungen des Hauses und der Küche stetig zu erweitern und zu verbessern. Die Krönung seiner bisherigen Arbeit aber stellt der 2008 verliehene Michelin-Stern für sein Gourmetrestaurant „Eisvogel" dar. Bis heute ist es ihm gelungen, diesen Stern zu halten und sein Weg ist noch nicht zu Ende ....

GEBACKENES

---

die große Brotvielfalt

ÜBERBACKENES KARTOFFELBROT

mit Röstzwiebeln und Kümmelkrokant

**FÜR ETWA 3-5 BROTE
(JE NACH GRÖSSE)**

BROT
› 800 g Weizenmehl (Type 550)
› 450 ml Wasser
› 25 g frische Hefe
› 6 Eigelb
› 500 g mehlig kochende Kartoffeln, durchpassiert
› 80 g zerkleinerte Röstzwiebeln
› 30 g Salz
› Muskat
› 200 g würziger Hartkäse, gerieben

RÖSTZWIEBELN UND KÜMMELKROKANT
› 300 g in feine Ringe geschnittene Zwiebeln
› 100 g Maismehl
› Öl
› 40 g brauner Zucker
› 90 g Kümmel

BROT › Aus Mehl, lauwarmem Wasser und Hefe einen Teig herstellen, diesen 4-5 Stunden gären lassen. Eigelb, Kartoffeln, Röstzwiebeln, Salz und etwas Muskat zugeben und alles zusammen kneten. Nochmals etwa 3-4 Stunden ruhen lassen. Den Teig portionieren und in Baguetteformen geben. Nochmals kurz angären lassen und bei 200 °C 20 Minuten im Ofen backen. Dann den geriebenen Käse darüber streuen, auf Oberhitze schalten und weitere 5-7 Minuten backen.

RÖSTZWIEBELN UND KÜMMELKROKANT › Zwiebelringe in Maismehl wenden und in frischem Öl bei etwa 160 °C goldgelb ausbacken. Braunen Zucker in einem Topf erhitzen bis er flüssig ist. Dann Kümmel zugeben, gut vermischen und auf ein geöltes Blech geben. Den Krokant nach dem Auskühlen hacken. Beides zum Kartoffelbrot reichen.

TRAMEZZINI-SANDWICH

in Variationen

FÜR JE 20 STÜCK

› 180 dünne, geröstete Tramezzinischeiben (5 cm x 5 cm)

RUCOLA-CREME
› 140 g Rucola
› 60 g geröstete Pinienkerne
› 2 fein geschnittene Knoblauchzehen
› 250 g Magerquark
› 30 g geriebener Pecorino
› 30 ml Olivenöl
› Salz
› weißer Pfeffer
› edelsüßes Paprikapulver
› Kümmelpulver
› Zitronenabrieb

FORELLENKAVIAR-CREME
› 250 g Magerquark
› 150 g Crème fraîche
› 100 g Mayonnaise
› Salz
› weißer Pfeffer
› Limonensaft
› Pernod
› 120 g Forellenkaviar

KALBSTATAR
› 400 g sauber zugeputzter Kalbsrücken
› 3 fein geschnittene Schalotten
› 2 EL Ketchup (Heinz)
› 1 TL mittelscharfer Senf
› weißer Pfeffer
› edelsüßes Paprikapulver

FERTIGSTELLUNG
› Rucola, Pinienkerne, Forellentatar, Forellenkaviar, Dillspitzen, Sherrycreme (siehe Seite 74), Kapern, Salatspitzen

RUCOLA-CREME › Rucola klein hacken, Pinienkerne und Knoblauch zugeben, kurz mithacken und anschließend zum Quark geben. Pecorino und Olivenöl zugeben und mit den Gewürzen abschmecken.

FORELLENKAVIAR-CREME › Magerquark und Crème fraîche mit Mayonnaise glatt rühren, dann mit Gewürzen und Pernod abschmecken. Kaviar in ein Sieb geben und in kaltem Wasser spülen, anschließend vorsichtig unter die Masse heben.

KALBSTATAR › Kalbsrücken fein schneiden oder wolfen. Mit Schalotten, Ketchup und Senf vermengen, dann mit Salz, Pfeffer und Paprika abschmecken.

FERTIGSTELLUNG › Jeweils 3 Tramezziniquadrate übereinander legen, dazwischen je zwei Schichten der verschiedenen Cremes. Mit den passenden Garnituren dekorieren.

PROFITEROLES
mit Chorizocreme

FÜR 30 STÜCK

TEIG
› 250 ml Milch
› 120 g Butter
› 180 g Mehl
› 6 Eier

FÜLLUNG
› 400 g Chorizo
› 200 g Ziegenfrischkäse
› 450 g Magerquark
› 150 g Crème fraîche
› Zitronenabrieb

TEIG › Milch und Butter in ein Stielkasserol geben, ankochen lassen, salzen und das Mehl auf einmal zugeben. Die Masse mit einem Kochlöffel glatt rühren und abbrennen (d. h. den Topf solange auf Hitze lassen, bis sich am Boden eine leicht bräunliche Schicht bildet. Den Teig aber ständig in Bewegung halten.) Den abgebrannten Teig in eine Schüssel geben und schrittweise die Eier unterarbeiten. Brandteig in einen Dressiersack geben und Tupfen von etwa 20 g auf Backpapier dressieren. Bei 170 °C etwa 8 Minuten backen.

FÜLLUNG › Chorizo dünn aufschneiden und im Dörrautomat 12 Stunden trocknen. Das entstandene Öl aufbewahren und die getrockneten Chorizochips fein hacken. Ziegenfrischkäse mit Magerquark und Crème fraîche verrühren, gehackte Chorizo und Öl zugeben. Von beidem jedoch eine kleine Menge zurückbehalten. Die fertige Creme mit Zitronenabrieb und Salz abschmecken.

FERTIGSTELLUNG › Zum Anrichten die Profiteroles halbieren und die Creme eindressieren. Die Deckel der Profiteroles mit dem aufbewahrten Öl bestreichen und mit gehackter Chorizo bestreuen.

ROQUEFORT-KANAPEE

mit Honig-Essig-Kirschen

FÜR 10 STÜCK

ROQUEFORT-KANAPEES
› 2 Scheiben Tramezzini
› 150 g Roquefort
› 20 ml Kirschwasser
› 40 ml Milch

HONIG-ESSIG-KIRSCHEN
› 10 Kirschen mit Stiel
› 30 g Honig
› 60 ml Kirschessig
› 120 ml Portwein
› 180 ml Rotwein

FERTIGSTELLUNG
› Thymianspitzen

ROQUEFORT-KANAPEES
› Tramezzinischeiben in der Dicke halbieren, glatt rollen und mithilfe eines Ausstechers von 6 cm Durchmesser Kreise ausstechen. Diese anrösten und zur Seite stellen. Roquefort, Kirschwasser und Milch fein mixen, dann mit Salz und Pfeffer abschmecken.

HONIG-ESSIG-KIRSCHEN
› Kirschen von der Unterseite her einschneiden und den Kern herausziehen. Honig in einem Topf leicht karamellisieren, mit Essig ablöschen und mit Portwein sowie Rotwein auffüllen. Flüssigkeit auf ein Drittel einkochen und über die Kirschen geben. Etwa 1-2 Tage ziehen lassen.

FERTIGSTELLUNG › Roquefortcreme auf die Tramezzini-Kreise streichen, Essigkirschen aufsetzen und mit Thymianspitzen garnieren.

TRAMEZZINI VITELLO TONNATO

Bild Seite 16

FÜR 10 STÜCK

› 2 Scheiben Tramezzini
› 20 g Kapernknospen
› 60 g Crème fraîche
› 30 g Mayonnaise
› Tabasco
› Zitronenabrieb

FERTIGSTELLUNG
› 10 Scheiben
  rosa gegarter Kalbstafelspitz
  (9 cm x 3 cm, 3 mm dick)
› 10 Scheiben Thunfisch in Sushiqualität (9 cm x 3 cm, 5 mm dick)
› verschiedene Sprossen
  und Kressen

Tramezzinischeiben in der Dicke halbieren und leicht flach walzen. In Stücke von 9 cm x 3 cm schneiden und beidseitig anrösten. Es werden 20 fertige Scheiben benötigt. Kapernknospen kurz abspülen, trocknen und fein hacken. Mit Crème fraîche und Mayonnaise verrühren, dann mit Salz, Tabasco und Zitronenabrieb abschmecken.

FERTIGSTELLUNG › Tramezzinischeiben mit der Kaperncreme bestreichen, dazwischen eine Scheibe Kalbfleisch sowie Thunfisch legen und aneinander pressen. Die fertigen Tramezzini aufstellen und mit etwas Creme, Sprossen und Kressen dekorieren.

QUICHE

in Variationen

Bild Seite 17

FÜR JE 2 FORMEN À 24 CM DURCHMESSER

TOMATE-OLIVE
› 600 g Blätterteig
› 400 g Tomatenconcassée
› 200 g schwarze Oliven, entsteint und halbiert
› 2 fein geschnittene Knoblauchzehen
› Salz, Pfeffer, Muskat, Kurkuma
› 120 ml Milch
› 180 ml Sahne
› 8 Eigelb
› 4 Eier

LACHS-LAUCH
› 600 g Blätterteig
› 350 g Lauchstreifen
› 250 g Räucherlachsstreifen
› Salz, Pfeffer, Muskat, Kurkuma
› 120 ml Milch
› 180 ml Sahne
› 8 Eigelb
› 4 Eier

THUNFISCH-ZWIEBEL
› 600 g Blätterteig
› 40 g abgetropfter Thunfisch
› 150 g Zwiebelstreifen
› Salz, Pfeffer, Koriander, Anis, Kurkuma
› 120 ml Milch
› 180 ml Sahne
› 8 Eigelb
› 4 Eier

Blätterteig ausrollen, die Formen damit auslegen und kurz anbacken. Die jeweiligen Zutaten auf den Teig geben und mit einer gewürzten Mischung aus Milch, Sahne, Eigelb und Vollei aufgießen. Die Quiches in den Ofen geben und etwa 25-30 Minuten bei 170 °C backen. Vor dem Portionieren kurz auskühlen lassen.

GARNELEN-AVOCADO-KANAPEE

FÜR 10 STÜCK

› 2 Scheiben Tramezzini
› 5 EL Erdnussöl
› 1 reife Avocado, geschält
› 2 EL Chicken-Chili-Sauce
› 3 fein geschnittene Korianderblätter
› Saft von ½ Limone
› 60 Garnelen in Lake
› Pfeffer aus der Mühle

FERTIGSTELLUNG
› Friséesalat und verschiedene Kressen

Tramezzini in längliche Rechtecke schneiden und in der Hälfte des Erdnussöls goldgelb anrösten. Die Außenseiten der Avocado abschneiden und für die Garnitur in kleine Spalten schneiden. Den Rest würfeln, Chilisauce und Korianderblätter zugeben, mixen und durch ein feines Sieb streichen. Mit Salz und Limonensaft abschmecken. Die Garnelen abtupfen, aus dem restlichen Erdnussöl und Limonensaft eine Vinaigrette herstellen und die Garnelen damit bepinseln. Vor dem Anrichten leicht salzen und mit Pfeffer aus der Mühle würzen.

FERTIGSTELLUNG › Zum Anrichten die gerösteten Tramezzini mit Avocadocreme bestreichen, Garnelen daraufsetzen und mit Friséesalat und Kresse sowie mit den Avocadospalten garnieren.

OLIVENBRIOCHE

mit Thunfischtatar

FÜR 20 PORTIONEN

GRUNDREZEPT BRIOCHE
› 330 g Mehl (Type 550)
› 20 g Hefe
› 40 ml lauwarme Milch
› TL Zucker
› 140 g Salzbutter
› 2 Eier

OLIVENBRIOCHE
› 70 ml Olivenöl
› 70 schwarze Oliven

FERTIGSTELLUNG
› 1 reife Avocado
› Limonensaft
› Olivenöl
› Maldon Sea Salt
› Tabasco
› 300 g Thunfisch (Sushiqualität)
› 30 ml Olivenöl
› Oliventapenade
› Friséesalat
› Dillspitzen

GRUNDREZEPT BRIOCHE
› In einer Mehlkuhle einen Vorteig aus Hefe, Milch und Zucker herstellen und gehen lassen. Handwarme Butter, etwas Salz und Eier zugeben, vermengen und in eine gebutterte Form geben. Nochmals gehen lassen und bei etwa 170 °C (je nach Formgröße) etwa 35 Minuten backen.

OLIVENBRIOCHE › Die Hälfte der im Grundrezept angegebenen Buttermenge durch Olivenöl ersetzen und schwarze Oliven zugeben. Wie oben beschrieben weiter verfahren.

FERTIGSTELLUNG › Die fertig gebackene Brioche in Scheiben schneiden und rösten. Avocado durch ein Sieb streichen und mit einem Spritzer Limonensaft und etwas Olivenöl verrühren und mit Maldon Sea Salt und Tabasco abschmecken. Thunfisch zu Tatar schneiden, dann mit 30 ml Olivenöl und wenig Salz vermengen, anschließend zu Würfeln formen. Avocadocreme auf den Teller streichen, Thunfischwürfel auflegen und Briochescheiben anlegen. Etwas Oliventapenade, Salatgarnitur und Dillspitzen auf den Thunfischwürfel geben.

KLEINE CALZONE

FÜR 20 STÜCK

TEIG
› 450 g Mehl (Type 405)
› 42 g Hefe
› 1 TL Zucker
› 190 ml Wasser
› 2 Eier
› 3 EL Öl
› 2 TL Salz

FÜLLUNG
› 200 g dicke Tomatensauce
› 300 g Tomatenwürfel
› Tabasco
› 450 g gekochter Schinken
› 200 g geriebener Parmesan
› 300 g blanchierter Spinat
› 100 g grob geschnittene Kräuter
› 4 fein geschnittene Schalotten
› 4 fein geschnittene Knoblauchzehen
› Muskat

TEIG › Mehl in eine große Schüssel geben, eine kleine Vertiefung eindrücken, dann Hefe, Zucker und etwas Wasser hineingeben. Mit etwas Mehl verrühren und abgedeckt ½ Stunde ruhen lassen. Anschließend Eier, Öl und Salz zugeben und das restliche Wasser aufgießen. Alles zu einem sehr geschmeidigen Teig verkneten. Der Teig sollte relativ lange geknetet werden, damit der Kleber gut austreten kann. Den fertigen Teig portionieren und mindestens 4-6 Stunden ruhen lassen. Die aufgegangenen Teigkugeln zu kleinen Kreisen mit 12 cm Durchmesser ausrollen.

FÜLLUNG › Die Hälfte der Kreise mit Tomatensauce und -würfeln belegen und etwas Tabasco darauf träufeln. Schinken und Parmesan auflegen. Spinat mit Kräutern, Schalotten und Knoblauch mischen und mit Salz und Muskat abschmecken. Den gewürzten Spinat als letzte Lage auf die Füllung geben. Die unbelegte Hälfte umklappen und festdrücken. Calzone auf ein Backblech geben und bei 220 °C etwa 12 Minuten backen.

EDLE KLEINE HAMBURGER

FÜR JE 15 STÜCK

BRÖTCHEN

VORTEIG
› 60 g Weizenmehl
› 40 ml Wasser
› 10 g Hefe
› 1 TL Zucker

GRUNDTEIG
› 440 g Mehl (Type 550)
› 260 ml Wasser
› 12 g Salz
› gemischte Sesamkörner

VARIANTE 1
› 150 g gewürztes Rinderhack
› 15 rote Zwiebelscheiben (Ø 4 cm)
› Ketchup (Heinz)
› Salatblätter

VARIANTE 2
› 15 blanchierte Selleriescheiben (Ø 4 cm)
› Mehl
› Ei
› Mie de pain
› Öl

› Spinatblätter
› 50 g Mayonnaise
› Cayennepfeffer
› Zitronensaft
› 15 Kirschtomatenscheiben

VARIANTE 3
› 50 g Crème fraîche (abgeschmeckt mit Senf, Zitronensaft und Gewürzen)
› 15 Gurkenscheiben (Ø 4 cm)
› 15 Lachsscheiben (Ø 4 cm)
› 15 Radicchioblätter (Ø 4 cm)

BRÖTCHEN › Für den Vorteig Weizenmehl und Wasser mit Hefe und Zucker in eine kleine Schüssel geben und zu einem glatten Teig kneten. Den Teig einen Tag kühl (bei 8 °C - 10 °C) und abgedeckt ruhen lassen. Anschließend den Vorteig mit den Zutaten des Grundteigs, bis auf die Sesamkörner, in der Küchenmaschine 15 Minuten lang zu einem geschmeidigen Teig kneten. Den fertigen Teig portionieren und zu kleinen Kugeln drehen, bei 30 °C 25 Minuten gehen lassen. Einen Teil mit Sesam bestreuen und bei 200 °C etwa 10 Minuten backen.

VARIANTE 1 › Rinderhack mit einem Ausstecher (Durchmesser 4 cm) in Form bringen und auf beiden Seiten kurz anbraten. Zwiebelringe ebenfalls anbraten, sie sollten den gleichen Durchmesser haben wie das Rinderhack. Auf den Burgerboden etwas Ketchup und Salat geben, das angebratene Hack und je eine Zwiebelscheibe darauflegen und den Deckel aufsetzen.

VARIANTE 2 › Selleriescheiben mit Mehl, Ei und Mie de pain panieren und in Öl goldgelb ausbacken. Spinatblätter ebenfalls im Durchmesser von 4 cm ausstechen. Mayonnaise mit Salz, Cayennepfeffer und Zitronensaft abschmecken. Den Burger in folgender Reihenfolge aufschichten: Tomatenscheibe, Selleriescheibe, Spinatblatt, etwas Mayonnaise. Abschließend den Deckel auflegen.

VARIANTE 3 › Einen Brötchenboden mit Senfcreme bestreichen und eine Gurkenscheibe darauflegen. Lachsscheibe kurz von beiden Seiten anbraten, mit Salz und Pfeffer würzen und auf die Gurke geben. Mit Radicchioblättern und einem Brötchendeckel abschließen.

CROSTINI

gratiniert und gefüllt

FÜR 60 RÖLLCHEN

RÖLLCHEN
- 60 Wan-Tan-Teig-Blätter
- Eiweiß
- 200 g geriebener Parmesan oder anderer Hartkäse
- 1 EL gemischte Kräuter, gehackt
- 1 EL gerebelter Rosa Pfeffer
- 1 EL gemischte Gewürze, gemörsert

FÜLLUNG

VARIANTE 1
- 1 Avocado
- 2 EL Chicken-Chili-Sauce
- Limonensaft

VARIANTE 2
- 100 g Magerquark
- 80 g rotes Paprikapüree
- 1 fein geschnittene Knoblauchzehe
- Cayennepfeffer

VARIANTE 3
- 150 g Ziegenfrischkäse
- 50 g Quark
- Limonensaft
- gemahlener Fenchel

RÖLLCHEN › Die Teigblätter um ein etwa 1 cm dickes Metallrohr wickeln und mit etwas Eiweiß fixieren. Bei 180 °C 5 Minuten backen und anschließend vorsichtig vom Rohr ziehen. Die fertigen Röllchen auf eine Silikonmatte legen und mit den unterschiedlichen Käsemischungen bestreuen (Käse-Kräuter, Käse-Rosa Pfeffer und Käse-Gewürze). Den Käse bei Oberhitze knusprig schmelzen.

FÜLLUNG

VARIANTE 1 › Avocado schälen, klein schneiden und mit Chicken-Chili-Sauce sowie etwas Limonensaft fein mixen. Mit Salz abschmecken und durch ein feines Sieb streichen.

VARIANTE 2 › Magerquark leicht auspressen, Paprikapüree und Knoblauch zugeben und gut mischen. Mit Salz und Cayennepfeffer pikant abschmecken.

VARIANTE 3 › Ziegenfrischkäse mit Quark vermengen, dann mit Salz, Limonensaft und gemahlenem Fenchel abschmecken.

FERTIGSTELLUNG › Die vorbereiteten Massen mithilfe eines Dressiersacks und einer kleinen Tülle in die Crostini füllen.

GEWÜRZTEIGBLÄTTER

- Reste von verschiedenen Teigen, z. B. Strudel-, Frühlingsrollen-, Wan-Tan-, Brick- und Filoteig
- Eiweiß
- verschiedene gemörserte Gewürze und Kräuter, z. B. bunter Pfeffer, Mohn, Chilifäden, rosa Pfeffer, Kräuter der Provence, Sesam

Die verschiedenen Teige mit Eiweiß bestreichen und nach Belieben mit den Gewürzen und Kräutern bestreuen. Anschließend bei 180 °C im Ofen goldbraun backen.

Zum Anrichten die Teigplatten klein brechen und servieren.

KÄSESTANGEN

FÜR 30 STANGEN À 20 CM

› 1 Platte Blätterteig (60 cm x 40 cm, 5-7 mm dick)
› Käsemischung aus 300 g geriebenem Parmesan und 200 g geriebenem reifen Gouda
› gemahlener Koriander, Kümmel, Fenchelsamen und Kardamom
› 1 EL edelsüßes Paprikapulver

Eine Fläche des Teiges von 60 cm x 20 cm mit Wasser bestreichen. Käsemischung und Gewürze vermengen. Etwa die Hälfte davon auf dem befeuchteten Teil verteilen. Die nicht befeuchtete Seite umklappen. Den geklappten Teig der Länge nach ausrollen, ruhen lassen und anschließend in 30 Streifen gleicher Dicke schneiden. Diese der Länge nach einrollen und nochmals ruhen lassen. Vor dem Backen mit Wasser bestreichen und mit der restlichen Käse-Gewürzmischung bestreuen. Anschließend etwa 17 Minuten bei 180 °C ausbacken.

DOPPELWELLENPIZZA

FÜR 3 PIZZEN À 6 SCHNITTEN

TEIG
› 450 g Mehl (Type 405)
› 42 g Hefe
› 1 TL Zucker
› 190 ml Wasser
› 2 Eier
› 3 EL Öl
› 2 TL Salz

TOMATENSAUCE
› 50 g Bauchspeck
› 60 g fein gewürfelte Zwiebel
› Olivenöl
› 800 ml Tomatensaft
› 20 g Zucker
› 6 Basilikumstängel
› 2 Thymianzweige
› 2 Rosmarinzweige
› 3 fein geschnittene Knoblauchzehen

FERTIGSTELLUNG
› 600 g Tomatenconcassée
› 200 g geriebener Parmesan
› 1 Bund Rucola

TEIG › Mehl in eine große Schüssel geben, eine kleine Vertiefung eindrücken, dann Hefe, Zucker und warmes Wasser hineingeben. Mit etwas Mehl verrühren und abgedeckt ½ Stunde ruhen lassen. Anschließend Eier, Öl und Salz zugeben und das restliche Wasser aufgießen. Alles zu einem sehr geschmeidigen Teig kneten. Der Teig sollte relativ lange geknetet werden, damit der Kleber gut austreten kann. Fertigen Teig portionieren und mindestens 4-6 Stunden ruhen lassen. Dann mit einem Nudelholz rechteckig ausrollen und beide Seitenteile etwas einrollen. Bis zur Weiterverarbeitung kalt stellen.

TOMATENSAUCE › Bauchspeck und Zwiebelwürfel gut in Olivenöl anschwitzen. Tomatensaft und Zucker zugeben und bis zur Hälfte einkochen. Basilikum, Thymian- und Rosmarinzweige sowie Knoblauch zugeben. Nochmals etwas einkochen und anschließend passieren. Mit Salz und Pfeffer abschmecken.

FERTIGSTELLUNG › Den Pizzaboden bei 220 °C kurz anbacken, dann mit Tomatensauce bestreichen. Tomatenconcassée daraufgeben und etwa 5 Minuten weiterbacken. Dann Parmesan darüber streuen. Fertig backen und mit Rucola garnieren. Wellenpizza zum Servieren in schräge Stücke schneiden.

ANTIPASTI & TAPAS

rund ums Mittelmeer

DREIERLEI DIPS

mit verschiedenen Chips

FÜR 20 PERSONEN

KARTOFFEL-CHIPS
› 4-5 verschiedene Kartoffelsorten z. B. violett, rot, süß oder La Ratte (insgesamt etwa 2 kg und roh)
› 4-5 l hochwertiges Öl

VARIANTE 1
› 60 g blanchierter Lauch, fein gewürfelt
› 60 g fein gewürfelter Rettich
› 80 g sautierte Pilze, klein geschnitten
› 1 fein geschnittene Knoblauchzehe
› 1 fein geschnittene Schalotte
› 30 ml Distelöl
› 20 ml weißer Balsamico
› Piment

VARIANTE 2
› 150 g Mayonnaise
› 1 TL gelbes Currypulver
› 1 Msp. Kurkuma
› Essiggurkenwasser
› Tabasco
› Zitronensaft

VARIANTE 3
› 180 g fein geschnittene schwarze Oliven
› 1 fein geschnittene Knoblauchzehe
› 40 ml Olivenöl
› 20 ml alter Balsamico
› Maldon Sea Salt

FERTIGSTELLUNG
› dünne Radieschenscheiben
› klein gebrochene Chips
› verschiedene Kräuter
› verschiedene Kressen

KARTOFFEL-CHIPS › Kartoffeln schälen und dünn aufschneiden. Anschließend kurz wässern, gut trocken tupfen. Scheiben nach Belieben in verschiedene Formen bringen (z.B. Spiralen um einen Kochlöffelstiel drehen). In 170 °C heißem Öl in einem großen Topf ausbacken und zum Abtropfen auf ein Tuch geben. Vor dem Servieren salzen.

VARIANTE 1 › Lauch, Rettich, Pilze, Knoblauch und Schalotte in eine Schüssel geben, mit Distelöl und Balsamico marinieren, dann mit Salz, Pfeffer und Piment abschmecken.

VARIANTE 2 › Mayonnaise mit Currypulver, Kurkuma und einem Schuss Essiggurkenwasser verrühren, dann mit Salz, Tabasco und einem Spritzer Zitronensaft abschmecken. Anschließend durch ein feines Sieb streichen.

VARIANTE 3 › Oliven, Knoblauch, Olivenöl und Balsamico vermengen und mit Maldon Sea Salt abschmecken.

FERTIGSTELLUNG › Dips in Schüsselchen abfüllen und nach Belieben mit den unterschiedlichen Zutaten garnieren. Dazu die Chips reichen.

GEFÜLLTE FEIGEN

mit Salzmandeln

FÜR 20 FEIGEN

- 20 blaue Feigen
- 250 g Ziegenfrischkäse
- 100 g Naturjoghurt
- 80 g Magerquark
- je 2 EL gehackte Petersilie und Kerbel
- 2 EL Honig
- Zitronenabrieb
- 1 fein geschnittene Knoblauchzehe
- schwarzer Pfeffer
- 1 Eiweiß
- 2 EL grobes, feuchtes Meersalz
- 40 geschälte Mandelkerne
- frische Kräuterspitzen

Den Deckel der Feigen abschneiden und die Unterteile bis zur Hälfte aushöhlen. Ziegenfrischkäse mit Joghurt und Quark glatt rühren. Anschließend Kräuter, Honig, etwas Zitronenabrieb und Knoblauch untermengen und mit Salz und schwarzem Pfeffer abschmecken. Eiweiß leicht anschlagen und Meersalz zugeben. Mandeln durch die Eiweiß-Salzmasse ziehen und auf eine Silikonmatte legen. Bei 200 °C einige Minuten backen. Mandelkerne vom Salzüberschuss befreien und abkühlen lassen. Die fertige Creme mit einem Spritzsack in die Feigen dressieren. Den Deckel daraufsetzen und die Mandeln einstecken. Mit den Kräuterspitzen ausgarnieren.

GEFÜLLTE TOMATEN
auf Mozzarellacreme

FÜR 20 LÖFFEL

› 150 g Büffelmozzarella
› 30 g Naturjoghurt
› 20 ml Mozzarellalake
› 3 Tomaten
› 20 Kirschtomaten
› ½ Bund Basilikum
› 15 ml Olivenöl
› 10 ml weißer Balsamico

FERTIGSTELLUNG
› kleine frittierte Basilikumblätter

Mozzarella klein schneiden, mit Joghurt und Lake fein mixen, dann mit Salz und Pfeffer abschmecken. Anschließend durch ein Sieb streichen. Tomaten blanchieren, abziehen und zu Concassée verarbeiten. Die Kirschtomaten ebenfalls blanchieren und abziehen. Das Tomatenconcassée mit fein geschnittenen Basilikumblättern, Olivenöl und Balsamico vermengen, dann mit Salz, Pfeffer und Zucker abschmecken. Die Kirschtomaten von der Unterseite her öffnen und aushöhlen. Anschließend mit der Tomatenconcassée füllen.

FERTIGSTELLUNG › Mozzarellacreme auf einen Löffel geben, je eine gefüllte Kirschtomate daraufsetzen und mit Basilikumblättern garnieren.

CRÊPESROULADEN

in Variationen

FÜR JE 20 PORTIONEN

CRÊPES
› 200 g Mehl
› 4 Eier
› 300 ml Milch
› 50 g Spinatmatte
› Butterschmalz
› 500 g geräucherter Lachs in Scheiben
› 500 g geräucherter Heilbutt in Scheiben

CREMES

AVOCADO-GURKEN-CREME
› 300 g gewürfelte Avocado
› 200 g gewürfelte Gurken
› Saft von 1 Limone
› Cayennepfeffer

KAVIARCREME
› 300 g Crème fraîche
› 100 ml Naturjoghurt
› 80 g Forellenkaviar
› weißer Pfeffer
› Zitronensaft

FERTIGSTELLUNG
› verschiedene Sprossen und Kressen

CRÊPES › Mehl und Eier glatt rühren, Milch schrittweise unterrühren. Bei Bedarf den Teig passieren und salzen. Die Teigmasse teilen, zum einen Teil die Spinatmatte geben. Aus beiden Massen je mindestens 5 Crêpes mit einem Durchmesser von 25 cm in Butterschmalz ausbacken. Die Crêpes quadratisch zuschneiden und auf den hellen Crêpes die Lachsscheiben und auf den grünen Crêpes die Heilbuttscheiben verteilen. Eng einrollen und zuerst in Frischhaltefolie, dann in Alufolie wickeln. Die Enden gut eindrehen, sodass die Rolle gut gepresst wird. Die Crêpes mehrere Stunden kühl stellen, anschließend auspacken und vorsichtig in diagonale, an einer Seite abgeflachte Segmente schneiden.

AVOCADO-GURKEN-CREME › Avocado- und Gurkenwürfel im Thermomix fein mixen. Mit Limonensaft, Cayennepfeffer und Salz abschmecken.

KAVIARCREME › Crème fraîche und Joghurt glatt rühren, den abgespülten Kaviar zugeben und mit Salz, weißem Pfeffer und etwas Zitronensaft abschmecken.

FERTIGSTELLUNG › Zum Anrichten die Lachscrêpes in kleinen Schälchen auf die Avocado-Gurken-Creme und die Heilbuttcrêpes auf die Kaviarcreme setzen. Beide nach Belieben mit Sprossen und Kressen garnieren.

ENTENLEBERKUGELN

mit Dörrobstchutney

FÜR 40 KUGELN

ENTENLEBERKUGELN
- 600 g Entenstopfleber
- 60 ml weißer Portwein
- 20 ml Grand Marnier
- ½ EL Orangenzesten
- 6 weiße Pfefferkörner
- 2 angedrückte Wacholderbeeren
- 1 Thymianzweig
- 6 g Salz
- 4 g Pökelsalz
- 1 Msp. Lebkuchengewürz
- 300 g fein geriebener Pumpernickel

DÖRROBSTCHUTNEY
- 400 g gemischtes Biodörrobst
- 400 ml kräftiger Schwarztee
- 200 ml Multivitaminsaft
- 20 g geriebener Ingwer
- Tabasco
- 2 Msp. gemahlener Anis
- 1 TL rote Currypaste
- 20 ml Obstbrand

ENTENLEBERKUGELN › Entenleber kurz in Eiswasser legen und anschließend mit einem kleinen Messer die feine Haut abschaben. Bei Zimmertemperatur ruhen lassen, aufbrechen und gründlich von Adern und Sehnen befreien. Portwein mit Grand Marnier, Orangenzesten, Pfefferkörnern, Wacholderbeeren und Thymian aufkochen, um die Hälfte reduzieren, passieren und abkühlen lassen. Leber auf ein Blech legen, mit der Reduktion einreiben und nach 30 Minuten Salze und Lebkuchengewürz zugeben. Marinierte Leber in eine passende Form geben und vakuumieren. Bei 56 °C 45 Minuten pochieren und anschließend in Eiswasser abkühlen. Erkaltete Leber portionieren und zu Kugeln formen. Nochmals kurz kühlen und in Pumpernickelbröseln wälzen.

DÖRROBSTCHUTNEY › Dörrobst einen Tag in einer Marinade aus Tee und Multivitaminsaft einweichen. Anschließend Obst abtropfen lassen und klein schneiden. In eine Schüssel geben, Ingwer, einige Tropfen Tabasco sowie Anis und Currypaste zugeben, dann mit Salz und Obstbrand abschmecken.

FERTIGSTELLUNG › Je drei Kugeln Entenleber und daneben eine Linie Dörrobstchutney auf einem Teller anrichten.

GÄNSELEBERPARFAIT

mit Physalisgelee

FÜR 20 DREIECKE

GÄNSELEBERPARFAIT
- › 600 g Gänseleber
- › 60 ml weißer Portwein
- › 20 ml Grand Marnier
- › ½ EL Orangenzesten
- › 6 weiße Pfefferkörner
- › 2 angedrückte Wacholderbeeren
- › 1 Thymianzweig
- › 6 g Salz
- › 4 g Pökelsalz
- › 1 Msp. Lebkuchengewürz

PHYSALISGELEE
- › 600 g Physalis
- › 60 ml Grand Marnier
- › 80 ml Passionsfruchtsaft
- › 8 Blatt Gelatine

FERTIGSTELLUNG
- › 10 Physalis mit Schale
- › 1 EL geschroteter schwarzer Pfeffer

GÄNSELEBERPARFAIT › Gänseleber kurz in Eiswasser legen und anschließend mit einem kleinen Messer die feine Haut abschaben. Bei Zimmertemperatur ruhen lassen, aufbrechen und gründlich von Adern und Sehnen befreien. Portwein mit Grand Marnier, Orangenzesten, Pfefferkörnern, Wacholderbeeren und Thymian aufkochen, um die Hälfte reduzieren, passieren und abkühlen lassen. Die Leber auf ein Blech legen, mit der Reduktion einreiben und nach etwa 30 Minuten Salze und Lebkuchengewürz zugeben. Einen 1/3 GN-Behälter mit Folie auslegen und die Leber gleichmäßig stark in den Behälter eindrücken. Anschließend vakuumieren und bei 56 °C 30 Minuten pochieren. Nach dem Garen 20 Minuten in Eiswasser legen.

PHYSALISGELEE › Physalis mit Grand Marnier und Passionsfruchtsaft mixen, dann durch ein feines Sieb streichen. Ein Viertel des Saftes leicht erwärmen, die eingeweichte und gut ausgedrückte Gelatine darin auflösen und zum restlichen Saft geben.

FERTIGSTELLUNG › Vakuumbeutel vom Behälter nehmen, öffnen und das Physalisgelee auf die pochierte Leber geben. 4-5 Stunden kühl stellen. Dann Leber und Geleebelag mitsamt der eingelegten Folie vorsichtig aus dem Behälter ziehen, Folie ablösen und in Dreiecke schneiden. Auf Tellern anrichten und mit Physalis sowie geschrotetem Pfeffer garnieren.

SEPIARÖLLCHEN

mit Ratatouillesülze

FÜR 20 PORTIONEN

SEPIARÖLLCHEN
- 300 g Seezungenfarce
- 100 g blanchierte Gemüsewürfel
- 10 kleine Sepiatuben, sauber geputzt und gereinigt

RATATOUILLESÜLZE
- 50 g fein gewürfelte Schalotten
- Olivenöl
- je 60 g roter, gelber und grüner Paprika, fein gewürfelt
- 60 g fein gewürfelte Auberginen
- 60 g fein gewürfelte Zucchini
- 200 ml Tomatensaft
- 4 Blatt Gelatine
- je 1 Thymian- und Rosmarinzweig
- 2 angedrückte Knoblauchzehen
- Cayennepfeffer
- Limonensaft

FERTIGSTELLUNG
- 100 g frittierte Rucolablättchen
- dünne bunte Paprikastreifen
- frische Rucolablättchen

SEPIARÖLLCHEN › Farce mit Gemüsewürfeln mischen und bei Bedarf mit Salz und Pfeffer nachschmecken. Sepiatuben mit der Farce füllen. Gefüllte Tuben erst in Klarsicht- und dann in Alufolie wickeln. Bei 65 °C 30 Minuten im Wasserbad garen.

RATATOUILLESÜLZE › Schalotten in Olivenöl anschwitzen, Paprika-, Auberginen-, und Zucchiniwürfel zugeben und kurz mit anschwitzen. Tomatensaft zugeben, kurz aufkochen lassen, dann die eingeweichte und ausgedrückte Gelatine darin auflösen. Kräuter und Knoblauch zugeben, dann mit Salz, Pfeffer, Cayennepfeffer und Limonensaft abschmecken. Vor dem Erkalten Kräuter und Knoblauch entfernen. Die Masse in flache Förmchen abfüllen und vollständig erkalten lassen.

FERTIGSTELLUNG › Sepiatuben in mundgerechte Röllchen portionieren. Die ausgeformte Sülze auf den Teller setzen, darauf etwas frittierten Rucola und ein Sepiaröllchen. Mit Paprikastreifen und Rucolablättchen garnieren.

ROASTBEEF-RÖLLCHEN

mit Kartoffelkäse

FÜR 30 RÖLLCHEN

ROASTBEEF
› 900 g parierte Rinderlende
› 2 Rosmarinzweige
› 2 Thymianzweige
› 1 halbierte Knoblauchzehe
› Olivenöl

KARTOFFELKÄSE
› 500 g mehlig kochende Kartoffeln, gekocht, ausgekühlt und geschält
› 250 g Magerquark
› 150 g Frischkäse (Philadelphia)
› 2 fein geschnittene Knoblauchzehen
› 40 g geriebener Parmesan
› 4 EL fein gehackte gemischte Kräuter
› Cayennepfeffer

FERTIGSTELLUNG
› dünner Kartoffelring
› Schnittlauchhalm mit Tomatenhaut umwickelt

ROASTBEEF › Die Rinderlende mit Salz und Pfeffer würzen und von allen Seiten gut anbraten. Anschließend mit Rosmarin, Thymian, Knoblauch und etwas Olivenöl in einen Vakuumbeutel geben und im Wasserbad bei 58 °C etwa 80 Minuten garen. Nach dem Garprozess im Beutel abkühlen lassen. Die kalte Lende aus dem Beutel nehmen und dünn aufschneiden.

KARTOFFELKÄSE › Kartoffeln durch eine Presse geben, mit Quark, Frischkäse und Knoblauch vermengen und etwa 1 Stunde ziehen lassen. Anschließend die Masse durch ein feines Sieb streichen. Bei Bedarf mit etwas Milch cremiger rühren. Parmesan und Kräuter zugeben, dann mit Salz, Pfeffer und Cayennepfeffer abschmecken.

FERTIGSTELLUNG › Roastbeefscheiben einklappen und einen offenen Ring formen. Den Kartoffelkäse mithilfe eines Dressiersacks einspritzen. Mit Garniturbestandteilen dekorieren.

SPARGELSPITZEN IM RÄUCHERLACHSMANTEL

mit Spargel-Milchschaum

Bild Seite 44

FÜR 20 STÜCK

› 20 gekochte Spargelspitzen (siehe Seite 66)
› 20 Scheiben Räucherlachs
› 200 ml Milch
› 100 ml Spargelsud

Spargelspitzen gleichmäßig in 6 cm lange Stücke schneiden. Lachsscheiben einschlagen, um die Spitzen wickeln und mit einem Spieß fixieren. Milch mit dem Spargelsud mischen und aufschlagen. Separat anrichten.

LÖFFELSALTIMBOCCA

auf Tomatensugo

Bild Seite 45

FÜR 20 PORTIONEN

› 600 g Milchkalbsfilet
› Olivenöl
› 6 Scheiben Parmaschinken
› 20 große Salbeiblätter
› 400 g geschälte Tomaten
› 1 angedrückte Knoblauchzehe
› 1 EL Zucker

Filet putzen und in mundgerechte Stücke schneiden. Mit Salz und Pfeffer würzen, in Olivenöl von allen Seiten scharf anbraten und abkühlen lassen. Abgekühlte Filets in Parmaschinkenscheiben einrollen und anschließend fest zuerst in Frischhalte-, dann in Alufolie einrollen. Bei 56 °C 35 Minuten garen, herausnehmen, auspacken und mit einem dünnen Salbeistreifen umwickeln. Rundherum vorsichtig in Olivenöl anbraten und anschließend portionieren. Geschälte Tomaten mit Knoblauch, Zucker und den Abschnitten des Parmaschinkens sowie Salbei einkochen lassen und anschließend passieren. Mit Salz und Pfeffer abschmecken. Etwas Tomatensugo auf einen Löffel geben, darauf ein Filetröllchen setzen.

ANTIPASTI & TAPAS rund ums Mittelmeer

JAKOBSMUSCHELN IN SERANOSCHINKEN

mit Tomatencoulis und Pesto

FÜR 20 PORTIONEN

MUSCHELN
- 20 geputzte Jakobsmuscheln
- 20 Streifen Seranoschinken (etwa 2 cm breit)
- Öl

TOMATENCOULIS
- 400 g Tomatenconcassée
- 2 fein geschnittene Knoblauchzehen
- 50 ml passierte Chilisauce
- Olivenöl

FERTIGSTELLUNG
- 20 blanchierte Schnittlauchhalme
- 80 g grünes Pesto
- 20 Basilikumblätter
- Maldon Sea Salt

MUSCHELN › Muscheln mit den Schinkenstreifen umwickeln und in wenig Öl auf der Schinkenseite rundherum gleichmäßig anbraten und anschließend bei 50 °C warm halten.

TOMATENCOULIS › Tomatenconcassée mit Knoblauch, Chilisauce und etwas Olivenöl vermengen. Mit Salz, Pfeffer und Zucker abschmecken.

FERTIGSTELLUNG › Tomatencoulis mithilfe eines Ringes auf dem Teller anrichten. Jakobsmuschel mit einem Schnittlauchhalm umwickeln und daraufsetzen. Mit Pesto und einem Basilikumblatt garnieren und leicht mit Maldon Sea Salt würzen.

RINDERTATAR

im Kartoffelring

FÜR 10 STÜCK

TATAR
- › 200 g Rinderhack von der Lende
- › 20 g fein geschnittene Schalotten
- › 20 g Ketchup (Heinz)
- › 10 ml Olivenöl
- › Paprikapulver

KARTOFFELRINGE
- › 2 große Kartoffeln
- › 2 l Öl

KNOBLAUCHCREME
- › 50 g Crème fraîche
- › 40 g Mayonnaise
- › 2 fein geschnittene Knoblauchzehen
- › Limonensaft

FERTIGSTELLUNG
- › 10 Wachteleier
- › Schnittlauchhalme

TATAR › Rinderhack mit Schalotten, Ketchup und Olivenöl mischen, dann mit Salz, Pfeffer und Paprikapulver abschmecken und zur Seite stellen.

KARTOFFELRINGE › Kartoffeln schälen und durch die Spaghettimaschine drehen. Etwa 15 Minuten in kaltes Wasser einlegen, dann vorsichtig trocknen lassen und um einen mit Backpapier eingepackten Metallring wickeln, anschließend mit Eiweiß fixieren. Diese Ringe in 160 °C heißem Öl goldgelb ausbacken, abkühlen lassen und vorsichtig abziehen.

KNOBLAUCHCREME › Crème fraîche und Mayonnaise mit Knoblauch verrühren und etwa 1 Stunde ziehen lassen. Anschließend durch ein Sieb streichen und mit Salz sowie einem Spritzer Limonensaft abschmecken.

FERTIGSTELLUNG › Tatar mit Hilfe von Ringen, die etwas kleiner als die Kartoffelringe sind, in Form bringen. Kartoffelringe darüberstülpen, dann je ein frisches Wachteleigelb obenauf setzen. Mit Knoblauchcreme und Schnittlauch garnieren.

MELONEN-THUNFISCH-SPIESS

mit Sesamcreme

FÜR 20 SPIESSE

MELONEN- UND THUNFISCHWÜRFEL
› 150 ml Chilisauce
› 80 ml Sojasauce
› 80 ml Austernsauce
› 20 g geriebener Ingwer
› Abrieb und Saft von 2 Limonen
› 40 Thunfischwürfel in Sushiqualität (2 cm x 2 cm)
› 40 Charentais-Melonenwürfel (2 cm x 2 cm)
› geröstetes Sesamöl

SESAMCREME
› 30 ml geröstetes Sesamöl
› 80 g Crème fraîche
› 60 g Mayonnaise
› 20 ml Sherry
› Cayennepfeffer

MELONEN- UND THUNFISCHWÜRFEL › Chilisauce, Sojasauce und Austernsauce mit Ingwer sowie Limonenabrieb und -saft verrühren und auf etwa 40 °C erhitzen. Thunfisch- und Melonenwürfel etwa 1 Stunde darin marinieren. Anschließend abtupfen und einzeln in geröstetem Sesamöl anbraten. Nach Bedarf leicht mit Salz und Pfeffer nachwürzen und abwechselnd auf einen Spieß stecken.

SESAMCREME › Geröstetes Sesamöl mit Crème fraîche, Mayonnaise und Sherry glatt rühren und mit Salz und Cayennepfeffer abschmecken.

FERTIGSTELLUNG › Zum Anrichten die Creme in einen Spritzbeutel geben und feine Linien auf den Teller ziehen. Die Spieße daraufsetzen.

SCHINKENRÖLLCHEN

mit Gorgonzolafüllung

FÜR 10 RÖLLCHEN

› 280 g Gorgonzola
› 160 g Magerquark
› 20 ml Birnengeist
› Cayennepfeffer
› Zitronenabrieb
› 5 Scheiben gekochter Schinken

FERTIGSTELLUNG

› Birnenkugeln
› Kerbelblättchen
› gewürzte Crème fraîche

Gorgonzola durch ein Sieb streichen, mit Quark und Birnengeist glatt rühren. Mit Salz, Cayennepfeffer und Zitronenabrieb abschmecken. Schinkenscheiben halbieren und auslegen. Gorgonzolamasse mithilfe eines Spritzbeutels mit Lochtülle aufdressieren, exakt einrollen und zurechtschneiden.

FERTIGSTELLUNG › Röllchen auf den Teller legen und mit Birnenkugeln und Kerbelblättchen garnieren. Eine Crème-fraîche-Linie ziehen.

TELLERSÜLZE VOM KALBSTAFELSPITZ

mit Apfel-Meerrettich-Creme

**ZUTATEN FÜR
20 KLEINE TELLER (Ø 10 CM)**

TELLERSÜLZE
› 1 Kalbstafelspitz (etwa 600 g)
› 200 g Suppengemüse
› 1 angebräunte Zwiebel mit Schale
› 1 kleines Kräuterbündel
› 1 EL Allerlei (Senfkörner, Nelken, Lorbeerblätter, Wacholderbeeren)
› weiße Pfefferkörner
› Essig
› 4 Blatt Gelatine
› 250 g kleine Gemüsewürfel, blanchiert (z. B. Lauch, Karotte, Sellerie)

APFEL-MEERRETTICH-CREME
› 150 g Crème fraîche
› 60 g Apfelmus
› 30 g frischer Meerrettich, sehr fein gerieben

FERTIGSTELLUNG
› 2 Äpfel

TELLERSÜLZE › 1 l Wasser in einen Topf geben, salzen kurz aufkochen und den gewaschenen Tafelspitz einlegen. Die Temperatur auf etwa 65 bis 70 °C reduzieren. Bei dieser Temperatur etwa 1 Stunde ziehen lassen. Anschließend Suppengemüse, Zwiebel, Kräuterbündel, Allerlei, Pfefferkörner und einen Schuss Essig zufügen und nochmals etwa 1 Stunde weitergaren. Sobald der Tafelspitz gar ist, aus dem Fond nehmen, in ein feuchtes Tuch einwickeln und abkühlen lassen. Eingeweichte und ausgedrückte Gelatine in 500 ml des Fonds auflösen und anschließend durch ein Tuch passieren. Den abgekühlten Tafelspitz dünn aufschneiden und zu Röllchen eindrehen. Jeweils 2 Röllchen in kleine Pastateller legen und die Gemüsewürfel darauf verteilen. Den Fond vor dem Auffüllen nochmals abschmecken, dann soviel Fond aufgießen, bis die Röllchen bedeckt sind. Die Sülzen einige Stunden kalt stellen.

APFEL-MEERRETTICH-CREME › Crème fraîche mit Apfelmus sowie Meerrettich glatt rühren und mit Salz und Pfeffer abschmecken.

FERTIGSTELLUNG › Zum Anrichten mit einem heißen Kaffeelöffel von der Apfel-Meerrettich-Creme kleine Nocken abstechen und auf den Tellerrand setzen. Äpfel in dünne Spalten schneiden und die Nocken mit kleinen Apfelfächern garnieren.

OKTOPUSGELEE

mit Blumenkohlmousse

FÜR 20 PORTIONEN

OKTOPUSGELEE
- 600 ml Riesling
- 300 g Suppengemüse
- 1 gespickte Zwiebel
- 10 weiße Pfefferkörner
- 1 kleines Kräuterbündel
- 1 TL Anissamen
- 2 EL Meersalz
- Schale von ¼ Zitrone
- 1 Weißweinkorken
- 1 Oktopus (800-1000 g)
- Essig
- Noilly Prat
- 8 Blatt Gelatine
- 1 Kunstdarm (Ø 7 cm)

BLUMENKOHLMOUSSE
- 200 g geputzter Blumenkohl
- 100 ml Milch
- 100 ml Gemüsefond
- 2 Blatt Gelatine
- Muskat
- Zitronensaft
- 100 g geschlagene Sahne

FERTIGSTELLUNG
- dünne Specksticks
- Blumenkohlblättchen

OKTOPUSGELEE › Aus 2 l Wasser, Riesling, Suppengemüse, Zwiebel, Pfefferkörnern, Kräuterbündel, Anissamen, Meersalz, Zitronenschale und Weinkorken einen kräftigen Fond kochen. Die Temperatur reduzieren, den Oktopus einlegen und etwa 60 Minuten gar ziehen lassen. Der Oktopus sollte weich sein, aber noch leichten Biss haben. Anschließend die Arme vom Körper abtrennen, putzen und kurz warm halten. 600 ml des Kochfonds mit einem Schuss Essig sowie Noilly Prat abschmecken, die eingeweichte und ausgedrückte Gelatine zugeben und durch ein feines Sieb passieren. Die Oktopusarme in Stücke schneiden und mit dem passierten Fond in einen eingeweichten Kunstdarm geben. Vor dem Servieren etwa 6 Stunden kühlen.

BLUMENKOHLMOUSSE
› Blumenkohl in Milch und Gemüsefond weich kochen und soweit einkochen, bis fast keine Flüssigkeit mehr übrig ist. Anschließend die eingeweichte und ausgedrückte Gelatine zugeben, mixen und durch ein feines Sieb streichen. Die passierte Masse mit Salz, Pfeffer und Muskat sowie einem Spritzer Zitronensaft abschmecken, abkühlen lassen und vorsichtig die geschlagene Sahne unterheben. Masse in Halbkugelformen mit 3 cm Durchmesser füllen und etwa 4 Stunden kühl stellen.

FERTIGSTELLUNG › Zum Anrichten den Oktopus im Darm in etwa 1,5 cm dicke Scheiben schneiden, aus dem Darm nehmen und je eine Moussehalbkugel daraufsetzen. Mit Speckstick und Blumenkohlblättchen dekorieren.

½ DUTZEND AUSTERN

in Variationen

FÜR 60 STÜCK

- 60 Austern, sauber geputzt

VARIANTE 1
- Mehl
- Ei
- Mie de pain
- Öl
- 150 g Kartoffeln, gekocht und gewürfelt
- 100 g gewürfelte Salatgurke
- 1 TL Petersilie
- Essig
- Sonnenblumenöl
- Senf
- Kresse (Rock Chives von Koppert Cress)

VARIANTE 2
- 200 g blanchierte Blumenkohlröschen
- 40 ml Fischfond
- 20 ml Pernod
- 40 ml Weißwein
- 20 Safranfäden
- weißer Balsamico
- Kresse (Shiso Green von Koppert Cress)

VARIANTE 3
- 100 g Chorizo
- 200 g blanchierte Lauchstreifen
- 20 g Butter
- 40 ml Fischfond
- 20 ml Noilly Prat
- Maldon Sea Salt
- Muskat
- Friséesalat
- Rucola

VARIANTE 4
- 200 g eingelegter Kürbis, fein gewürfelt mit Fond
- 3 EL passierte Chilisauce
- Zimt
- 80 ml Balsamicocreme
- 1 Blatt Gelatine
- weißer Pfeffer

VARIANTE 5
- 2 Blutorangen
- 30 ml Campari
- 30 ml Fischfond
- 4 Tropfen Bittermandelöl
- Cayennepfeffer
- Gartenkresse

VARIANTE 6
- 1 mittelgroße Fenchelknolle, fein geschnitten
- 20 g Butter
- 50 ml Fischfond
- 20 ml Pernod
- 1 Msp. Curry
- Cayennepfeffer

VARIANTE 1 › Austern trocken tupfen, mit Mehl, Ei und Mie de pain panieren, dann kurz bei 190 °C in Öl ausbacken. Aus Kartoffel- und Gurkenwürfeln und einer Marinade aus Petersilie, Essig, Öl, Senf, Salz und Pfeffer einen pikanten Salat herstellen. Die gebackenen Austern auf den Salat geben und mit Kresse garnieren.

VARIANTE 2 › Blumenkohl in einem Sud aus Fischfond, Pernod, Weißwein und Safranfäden eine Stunde ziehen lassen. Mit einem Spritzer weißem Balsamico, Salz und Pfeffer abschmecken. Austern auf den lauwarmen Blumenkohl setzen und mit Kresse garnieren.

VARIANTE 3 › Chorizo aufschneiden, trocknen und anschließend fein mixen. Lauchstreifen mit Butter, Fischfond und Noilly Prat erwärmen, dann mit Maldon Sea Salt und Muskat abschmecken. Austern auf den Lauch setzen, mit Chorizo bestreuen und mit Salat ausgarnieren.

VARIANTE 4 › Eingelegten Kürbis und Fond mit Chilisauce und einer kleinen Prise Zimt abschmecken. Austern in diesem Fond leicht pochieren. Balsamicocreme leicht erwärmen, eingeweichte und ausgedrückte Gelatine darin auflösen und in ein flaches, mit Folie ausgekleidetes Gefäß geben. Erkalten lassen und anschließend in kleine Würfel schneiden. Austern auf dem pochierten Kürbis anrichten, mit Balsamicogeleewürfelchen garnieren und leicht mit weißem Pfeffer würzen.

VARIANTE 5 › Blutorangen heiß abspülen und mit einem Zestenreißer Schalenfäden herstellen. Orangen ganz abschälen, filieren und das restliche Fruchtfleisch gut ausdrücken. Die Zesten in Campari weich dünsten, mit Fischfond und Blutorangensaft auffüllen und noch etwas einkochen lassen. Bittermandelöl zugeben und mit Salz und Cayennepfeffer abschmecken. Fond abkühlen lassen und die Blutorangenfilets zugeben. Austern auf den Filets anrichten und mit etwas Kresse garnieren.

VARIANTE 6 › Fenchel in Butter anschwenken, Fischfond, Pernod und Curry zugeben, kurz dünsten. Der Fenchel sollte nicht zu weich werden. Mit Salz und Cayennepfeffer abschmecken. Austern auf dem lauwarmen Fenchel anrichten und mit Fenchelgrün garnieren.

SALATE

Klassik trifft Innovation

BLATTSALATE IM BROTRING

mit Pecorino

FÜR 20 PORTIONEN

BROTRINGE
› 20 Brotscheiben
 (4 cm x 18 cm, 2-3 mm dick)

VINAIGRETTE
› 20 ml Madeira
› 60 ml Geflügelfond
› 40 ml Estragonessig
› 40 ml weißer Balsamico
› 1 EL klein geschnittene Petersilienstängel
› ½ klein geschnittene Knoblauchzehe
› 1 klein geschnittene Schalotte
› ½ TL weiße Pfefferkörner
› ½ EL Senfkörner
› 1 EL Zucker
› 40 ml Walnussöl
› 40 ml Olivenöl

FERTIGSTELLUNG
› 1 kg bunte Salate und Kresse
› 200 g Pecorino
 (24 Monate gereift)

BROTRINGE › Brotscheiben um einen Metallring mit 5 cm Durchmesser legen und mit einem Ring mit 6 cm Durchmesser fixieren. Etwa 3-5 Minuten bei 160 °C backen und 24 Stunden abkühlen lassen, anschließend aus den Ringen nehmen.

VINAIGRETTE › Madeira, Geflügelfond und die beiden Essigsorten in einen Topf geben. Petersilienstängel, Knoblauch, Schalotte, Pfefferkörner, Senfkörner und Zucker zugeben und bis zur Hälfte reduzieren. Anschließend durch ein feines Sieb gießen und mit dem Walnuss- und Olivenöl verrühren. Mit Salz abschmecken.

FERTIGSTELLUNG › Zum Anrichten Salate und Kressen mit wenig Vinaigrette marinieren und in die Brotringe arrangieren. Den Pecorino mit dem Trüffelhobel in feine Späne hobeln und auf den Salat geben.

EIER-SALAMI-SALAT

FÜR 20 EIER

› 20 hart gekochte Eigelb
› 250 g Mayonnaise
› 80 g Magerquark
› 150 g fein gewürfelte Salami
› 2 EL gehackter Kerbel
› Cayennepfeffer
› edelsüßes Paprikapulver
› Worchestersauce
› 20 schräg zugeschnittene Eierschalen
› 20 Scheiben Salami
› 100 g in Vinaigrette marinierte Salatspitzen

Eigelb durch ein feines Sieb streichen, mit Mayonnaise und Quark glatt rühren. Salamiwürfel und Kerbel zugeben, dann mit Salz, Cayennepfeffer, Paprikapulver und Worchestersauce abschmecken. Die fertige Masse mithilfe eines Spritzbeutels in die Eierschalen geben und mit einer eingedrehten Salamischeibe sowie etwas Salat garnieren.

SALATE Klassik trifft Innovation

SALAT VOM STEINBUTT

mit rosa Grapefruit und Pata-Negra

FÜR 20 PORTIONEN

- 2 rosa Grapefruits
- 6 Scheiben Pata-Negra-Schinken
- 1 kg Steinbuttfilet
- Nussöl
- Meersalz
- 1 EL geschroteter schwarzer Pfeffer
- Dill

Grapefruits filieren und die Filets in Stücke schneiden. Den Saft der Grapefruits auffangen. Schinken zwischen zwei Backpapierblättern in der Pfanne knusprig garen, dann in längliche Dreiecke schneiden. Steinbuttfilets in etwa 1 cm dicke Streifen schneiden und kurz in Nussöl von allen Seiten anbraten. Grapefruitsaft zugeben, den Fisch kurz ziehen lassen und aus der Pfanne nehmen. Den Sud aus der Pfanne zur Seite stellen. Steinbutt mit Meersalz würzen und mit den Schinkendreiecken und Grapefruitstücken auf einem Teller arrangieren. Mit dem Sud nappieren, den schwarzen Pfeffer aufstreuen und mit etwas Dill garnieren.

GLASNUDELSALAT

mit Physalis und Wachtelkirsche

FÜR 20 PORTIONEN

WACHTELKIRSCHEN
- 20 Wachtelkeulen (ohne Haut und ohne Oberschenkelknochen)
- 200 ml Geflügelfarce
- 30 ml Madeira
- 200 ml dickflüssig eingekochte Geflügelglace

PHYSALIS
- 50 ml Multivitaminsaft
- 20 ml Erdnussöl
- Cognac
- Cayennepfeffer
- 20 abgezogene Physalis

GLASNUDELSALAT
- 150 ml brauner Geflügelfond
- 30 ml Sojasauce
- 20 ml Sesamöl
- 500 g gekochte Glasnudeln

WACHTELKIRSCHEN › Das Fleisch der Wachtelkeulen leicht plattieren und mit Salz und Pfeffer würzen. Die Farce mit Salz und Pfeffer abschmecken, dann Madeira zugeben. Auf jede Keule etwas Farce geben und mit Fleisch umschließen. Anschließend zuerst in Klarsicht-, dann in Alufolie so eindrehen, dass der Unterschenkelknochen nach oben durch die Folie gedrückt wird und das gefüllte Fleisch somit wie eine Kirsche mit Stiel aussieht. Die „Kirschen" etwa 40 Minuten im 69 °C heißen Wasserbad pochieren. Die fertigen „Kirschen" auspacken und in die eingekochte Glace tauchen, damit sie eine glänzende Hülle erhalten.

PHYSALIS › Multivitaminsaft mit Erdnussöl und einem Spritzer Cognac kurz einkochen, leicht mit Salz und Cayennepfeffer würzen und die Physalis vor dem Anrichten darin schwenken.

GLASNUDELSALAT › Braunen Geflügelfond etwas einkochen, Sojasauce und Sesamöl zugeben und die Glasnudeln darin schwenken.

FERTIGSTELLUNG › Glasnudeln in ein Schälchen geben und je eine Wachtelkirsche mit einer aufgesteckten Physalis daraufsetzen.

SALAT VOM SPARGEL „POLNISCH"

mit gebeiztem Lachs

FÜR 20 PORTIONEN

SPARGEL
- 2 l Wasser
- 1 EL Salz
- 1 EL Zucker
- 150 ml weißer Balsamico
- Schale von ¼ Zitrone
- 20 Stangen Spargel
- 3 hart gekochte Eier
- 1 EL Butterbrösel
- 1 EL Petersilie

LACHS
- 400 g Salz
- 300 g Zucker
- 80 g Dill
- 40 g Petersilie
- 40 g Kerbel
- Abrieb von je ½ Orange und ½ Zitrone
- 15 zerstoßene Wacholderbeeren
- 1 TL Senfsaatkörner
- ½ TL Korianderkörner
- ½ TL weiße Pfefferkörner
- 800 g Wildlachs
- Milch

SPARGEL › Wasser mit Salz, Zucker, Balsamico und Zitronenschale zum Kochen bringen, den geschälten Spargel einlegen und gar ziehen lassen. Zur Seite stellen und auskühlen lassen. Eiweiß und Eigelb der gekochten Eier getrennt hacken und vorsichtig mit Butterbröseln und Petersilie vermengen, bei Bedarf leicht würzen.

LACHS › Für die Beize Salz, Zucker, grob gehackte Kräuter, Orangen- und Zitronenabrieb sowie die zerstoßenen Wacholderbeeren und verschiedenen Körner miteinander vermengen. In einem länglichen Gefäß, das der Größe der Lachsseite entspricht, den Lachs von Ober- und Unterseite dick mit der Beize einpacken und etwa 8 Stunden abgedeckt kühl stellen. Anschließend auspacken, wenden, erneut einpacken und weitere 8 Stunden beizen. Aus der Beize nehmen und mit kaltem Wasser abspülen. Etwa 1 Stunde in Milch einlegen, um das Salz zu neutralisieren. Den gebeizten Fisch in 20 gleichmäßige Würfel schneiden.

FERTIGSTELLUNG › Spargel kürzen und halbieren, die Eier-Bröselmasse aufstreuen und je einen Lachswürfel aufsetzen.

GELIERTE LINSEN

mit Speck und Zandertatar

FÜR 20 PORTIONEN

GELIERTE LINSEN
› 60 ml Gemüsefond
› 2 Blatt Gelatine
› 20 ml Noilly Prat
› 10 ml Weißweinessig
› 20 ml Weißwein
› 300 g gekochte Linsen
› 2 EL fein geschnittener Schnittlauch
› weißer Pfeffer

ZANDERTATAR
› 300 g Zanderfilet ohne Gräten
› 2 EL Haselnussöl
› Zitronensaft

FERTIGSTELLUNG
› 80 dünne Speckscheiben (6 cm x 2 cm), kross gebraten
› Dillspitzen
› dünne Specksticks

GELIERTE LINSEN › Gemüsefond erwärmen und die eingeweichte und ausgedrückte Gelatine darin auflösen. Noilly Prat, Essig und Weißwein zugeben, verrühren und mit den Linsen und dem Schnittlauch vermengen, mit Salz und weißem Pfeffer abschmecken. Anschließend etwa 1,5 cm hoch in ein tiefes Blech geben und gelieren lassen. Nach dem Erstarren stürzen und in 5 cm x 5 cm große Quadrate schneiden.

ZANDERTATAR › Zanderfilet fein hacken. Mit Haselnussöl vermengen und mit einem Spritzer Zitronensaft, Salz und Pfeffer abschmecken.

FERTIGSTELLUNG › Die Linsenquadrate mit den Speckscheiben umstellen, eine Nocke Zandertatar daraufsetzen und mit Dillspitzen und Specksticks garnieren.

CHICORÉE-SCHIFFCHEN

mit Pulpo und geschmolzenem Radicchio

FÜR 20 SCHIFFCHEN

PULPO
- 600 ml Riesling
- 300 g Suppengemüse
- 1 gespickte Zwiebel
- 10 weiße Pfefferkörner
- 1 kleines Kräuterbündel
- 1 TL Anissamen
- Meersalz
- Zitronenschale
- 1 Weißweinkorken
- 1 Pulpo (etwa 1 kg)
- Kräuteressig
- Noilly Prat

GESCHMOLZENER RADICCHIO
- 2-3 Köpfe Radicchio
- Olivenöl
- 3 fein geschnittene Knoblauchzehen
- 3 fein geschnittene Schalotten
- Rotweinessig
- Meersalz
- schwarzer Pfeffer

FERTIGSTELLUNG
- 3 EL gemischte Kräuter, fein gehackt
- 40 mittelgroße Chicoréeblätter
- Gartenkresse

PULPO › Aus 2 Litern Wasser, Riesling, Suppengemüse, Zwiebel, weißem Pfeffer, Kräuterbündel, Anissamen, Meersalz, etwas Zitronenschale und Weinkorken einen kräftigen Fond kochen. Die Temperatur reduzieren, den Pulpo einlegen und etwa 60 Minuten gar ziehen lassen. Der Pulpo sollte zwar weich sein, aber noch leichten Biss haben. Anschließend die Arme vom Körper abtrennen, putzen und in Stücke schneiden. Den Kochfond durch ein Sieb auf den Pulpo gießen, sodass die Stücke bedeckt sind. Je einen Schuss Kräuteressig sowie Noilly Prat zugeben und nochmals würzig als Salat abschmecken. Bis zur Weiterverarbeitung lauwarm aufbewahren.

GESCHMOLZENER RADICCHIO › Radicchio vom Strunk und den weißen Teilen der Blätter befreien und in Streifen schneiden. Die Streifen in einer Pfanne in Olivenöl anschwitzen, Knoblauch und Schalotten zugeben, kurz mitschwenken und mit einem Schuss Rotweinessig ablöschen. Mit Zucker, Meersalz und schwarzem Pfeffer abschmecken.

FERTIGSTELLUNG › Die Pulpostücke vor dem Anrichten in den Kräutern wenden. Dann die Chicoréeblätter auf der Fußseite mittig etwa 4 cm lang einschneiden und die Blätter ineinander stecken, sodass sich ein Schiff ergibt. Den geschmolzenen Radicchio daraufgeben und die marinierten Pulpostücke anlegen. Mit Gartenkresse dekorieren.

GURKEN-MELONEN-SCHLANGEN

mit Heilbutttatar

FÜR 10 PORTIONEN

SCHLANGEN
- 1 Charentais-Melone
- 2 Salatgurken
- 60 ml Sonnenblumenöl
- 60 ml Haselnussöl
- 40 ml weißer Balsamico
- 1 Spritzer weißer Portwein
- Salz
- Pfeffer
- Zucker

TATAR
- 60 g Crème fraîche
- Limonensaft
- 10 ml Pernod
- 200 g geräucherter Heilbutt
- 1 EL Dill
- weißer Pfeffer

FERTIGSTELLUNG
- Melonenröllchen
- Dill

SCHLANGEN › Melone und Gurken von ihrer Außenhaut befreien. Anschließend mithilfe eines Sparschälers in lange Schlangen schneiden. Aus den restlichen Zutaten eine Vinaigrette herstellen und vorsichtig mit den Schlangen vermengen.

TATAR › Crème fraîche, einen Spritzer Limonensaft und Pernod glatt rühren. Heilbutt hacken und zugeben, ebenso den Dill. Alles gründlich vermengen und mit weißem Pfeffer abschmecken. Da der geräucherte Heilbutt bereits sehr salzig ist, kann man auf Salz meistens verzichten.

FERTIGSTELLUNG › Zum Anrichten jeweils eine Nocke Tatar auf ein Häufchen Schlangen geben. Darauf je ein Melonenröllchen und eine Dillspitze setzen.

KALBSBRIES-BOHNEN-SALAT

mit Sherrycreme

FÜR 20 PORTIONEN

KALBSBRIES-BOHNEN-SALAT
- 400 g Kalbsbries
- 300 ml Wasser
- 300 ml Riesling
- 1 gespickte Zwiebel
- 3-4 Petersilienstängel
- 1 EL Salz
- 20 Pfefferkörner
- 3 fein geschnittene Schalotten
- 50 ml Traubenkernöl
- 30 ml weißer Kräuteressig
- 400 g grüne Bohnenkerne, geschält und blanchiert

SHERRYCREME
- 120 g Crème fraîche
- 40 ml Sherry
- Saft von ½ Limone
- Cayennepfeffer

FERTIGSTELLUNG
- Friséesalat
- Kerbel

KALBSBRIES-BOHNEN-SALAT › Kalbsbries wässern, bis es weiß ist. Wasser und Riesling in einen Topf geben, gespickte Zwiebel, Petersilienstängel, Salz sowie Pfefferkörner zufügen und kurz aufkochen lassen. Dann die Temperatur verringern, das Bries einlegen und gar ziehen lassen. Die Briesherzen aus dem Gewebegeflecht herauslösen. Ein Drittel des Pochierfonds mit den Schalotten bis zur Hälfte reduzieren. Öl und Essig zugeben, abschmecken und passieren. Bries und Bohnen in das lauwarme Dressing einlegen und marinieren.

SHERRYCREME › Crème fraîche mit Sherry und Limonensaft glatt rühren, dann mit Salz und Cayennepfeffer abschmecken.

FERTIGSTELLUNG › Sherrycreme mithilfe eines Spritzbeutels auf einen Löffel geben und Kalbsbries-Bohnen-Salat anlegen. Mit Friséesalat und Kerbel garnieren.

STEINPILZSALAT

mit Knoblauchchips

FÜR 30 PORTIONEN

PILZSALAT
- 400 g kleine Steinpilze, teilweise gewürfelt
- 5 fein geschnittene Schalotten
- Öl
- 40 ml Madeira
- 200 g blanchierte Gemüsewürfel
- 30 ml Sherryessig
- 80 ml Haselnussöl
- weißer Pfeffer
- 2 EL gemischte Kräuter, gehackt

KNOBLAUCHCHIPS
- 20 Knoblauchzehen
- Mehl

FERTIGSTELLUNG
- Sherrycreme (siehe Seite 74)
- Kerbel

PILZSALAT › Steinpilze und Schalotten gut in Öl anbraten, mit Madeira ablöschen und zur Seite stellen. Gemüsewürfel, Essig und Haselnussöl zugeben, dann mit Salz und weißem Pfeffer abschmecken. Der Salat sollte lauwarm serviert werden. Erst kurz vor dem Servieren die Kräuter zugeben.

KNOBLAUCHCHIPS › Knoblauchzehen in dünne Scheiben hobeln, leicht mehlieren und in Öl kurz ausbacken.

FERTIGSTELLUNG › Pilzsalat auf einen Löffel geben, etwas Sherrycreme daraufgeben, dann die Knoblauchchips anstecken. Nach Belieben mit Kerbel dekorieren.

LINSEN-GEMÜSE-SALAT

mit Entenbrust

30 PORTIONEN

ENTE
› 2 geräucherte Entenbrüste

LINSEN-GEMÜSE-SALAT
› 200 g gekochte Linsen, gemischt
› 100 g blanchierte Gemüsebrunoise (z.B. Lauch, Karotte, Sellerie)
› 1 fein geschnittene Schalotte
› 1 EL fein geschnittener Schnittlauch
› 1 Msp. fein geschnittener Knoblauch
› weißer Balsamico
› Distelöl

FERTIGSTELLUNG
› Rosmarinnadeln

ENTE › Die Haut der Entenbrust im Ganzen entfernen, in der heißen Pfanne zwischen zwei Blättern Backpapier knusprig backen und sofort in kleine krosse Sticks schneiden. Für die Dekoration zur Seite stellen. Das Entenbrustfleisch dünn aufschneiden und rollen.

LINSEN-GEMÜSE-SALAT
› Zutaten vermengen und mit weißem Balsamico, Distelöl, Salz und Pfeffer abschmecken.

FERTIGSTELLUNG › Salat auf einen Löffel oder in eine Schale geben, die Röllchen daraufsetzen und mit einem Entenhautstick sowie Rosmarinnadeln garnieren.

NUDELSALAT AM SPIESS

mit Paprika und Salami

FÜR 20 SPIESSE

- 200 g Ricotta
- 2 fein geschnittene Knoblauchzehen
- Paprikapulver
- 60 gekochte Penne
- 80 Scheiben Salami (Ø 3 cm)
- 40 Scheiben roter Paprika (Ø 3 cm)
- 40 Scheiben gelber Paprika (Ø 3 cm)
- gemischte Kräuter

Ricotta mit Knoblauch verrühren und mit Salz, Pfeffer und Paprikapulver abschmecken. Die Masse anschließend mithilfe einer Krapfenfülltülle in die Penne geben.

Gefüllte Nudeln zum Anrichten abwechselnd mit Salami und Paprikascheiben auf Spieße stecken. Nach Belieben mit Kräutern garnieren.

SÜPPCHEN

---

heiß und kalt

ERBSEN-CAPPUCCINO

FÜR 20 PORTIONEN

› 3 klein geschnittene Schalotten
› 40 g Butter
› 20 g Zucker
› 400 g TK-Erbsen
› 300 ml Brühe
› 300 ml Sahne
› 100 g Crème fraîche
› 100 ml leichter Weißwein
› Cayennepfeffer
› Muskat
› 500 ml Milch

Schalotten in Butter anschwitzen, Zucker zugeben und leicht karamellisieren. Erbsen zugeben und anschließend mit Brühe, Sahne, Crème fraîche sowie Weißwein auffüllen und kurz aufkochen. Anschließend mixen, passieren und rasch abkühlen, um die Farbe zu behalten. Vor dem Servieren erwärmen und mit Salz, Cayennepfeffer und Muskat abschmecken. Milch am besten in einem Milchaufschäumer oder aber mit einem Handrührgerät aufschäumen. Die Suppe in Gläschen füllen und den Milchschaum erst kurz vor dem Servieren auf die Erbsensuppe geben.

LIMONEN-KOKOSSUPPE

FÜR 20 PORTIONEN

- 2 grob geschnittene Schalotten
- 1 fein geschnittene Knoblauchzehe
- 30 g Butter
- 1 EL Honig
- 1 Zitronengrasstängel
- 2 Limonenblätter
- 2 EL Limonenessig
- 500 ml Kokosmilch
- 300 ml Gemüsefond
- Saft von 4 Limonen, etwas Abrieb
- 300 g Crème fraîche
- Tabasco
- 150 g geschlagene Sahne

Schalotten und Knoblauch in einem Topf in Butter anschwitzen, Honig zugeben, dann das klein geschnittene Zitronengras und die Limonenblätter. Mit Limonenessig ablöschen und mit Kokosmilch, Gemüsefond, Limonensaft und Crème fraîche auffüllen, einmal kurz durchkochen lassen. Mit Salz und Tabasco abschmecken und durch ein Sieb passieren. Vor dem Servieren mit geschlagener Sahne aufmixen, in Gläschen füllen und mit Limonenabrieb verfeinern.

GEMÜSESORBETS

FÜR JE 20 STÜCK

ROTE-BETE-SORBET
› 250 g gekochte Rote Bete, geschält und gewürfelt
› 120 ml Rote-Bete-Saft
› 40 ml Rotweinessig
› 60 ml Walnussöl
› 60 ml Crème de Cassis
› 1 EL Glycose
› 1 EL Puderzucker
› 1 Msp. gemahlener Kümmel
› Limonensaft
› Salz

KAROTTEN-INGWER-SORBET
› 200 g karamellisierte Karotten
› 200 ml frisch gepresster Karottensaft
› 40 ml Haselnussöl
› 40 ml Grand Marnier
› 30 g geriebener Ingwer
› Abrieb und Saft von ½ Orange
› 1 EL Glycose
› Salz

BLUMENKOHL-KOKOS-SORBET
› 300 g Blumenkohlröschen
› 160 ml Sahne
› 1 EL Crème fraîche
› 80 ml Kokosmark
› 60 ml weißer Portwein
› 1 EL Glycose
› Zitronensaft
› Salz
› weißer Pfeffer

BROKKOLI-MANDEL-SORBET
› 300 g blanchierte Brokkoliröschen
› 150 ml Gemüsebrühe
› 80 g geröstete und gemahlene Mandeln
› 60 ml Mandelöl
› 40 ml weißer Portwein
› 1 EL Crème fraîche
› 4 Tropfen Bittermandelöl
› Salz
› weißer Pfeffer
› Limonensaft

TEIGTÜTCHEN
› 40 Blätter Frühlingsrollenteig
› verschiedene Körner und Gewürze (z. B. Schwarzer und weißer Sesam, rosa Pfeffer, Mohn, Lavendel und Käse)

ROTE-BETE-SORBET › Alle Zutaten miteinander mixen, in Pacojet-Behälter füllen und mindestens 6 Stunden frieren. Das Sorbet vor dem Anrichten pacossieren.

KAROTTEN-INGWER-SORBET › Alle Zutaten miteinander mixen, in Pacojet-Behälter füllen und mindestens 6 Stunden frieren. Das Sorbet vor dem Anrichten pacossieren.

BLUMENKOHL-KOKOS-SORBET › Blumenkohl in der Sahne weich köcheln. Die restlichen Zutaten zugeben und mixen. Die Masse in einen Pacojet-Behälter füllen und mindestens 6 Stunden frieren. Das Sorbet vor dem Anrichten pacossieren.

BROKKOLI-MANDEL-SORBET › Alle Zutaten miteinander mixen, in Pacojet-Behälter füllen und mindestens 6 Stunden frieren. Das Sorbet vor dem Anrichten pacossieren.

TEIGTÜTCHEN › Aus dem Frühlingsrollenteig Kreise mit einem Durchmesser von 16 cm ausstechen und halbieren. Halbkreise über eine Metallspitze rollen und mit etwas Eiweiß fixieren. Die Außenseite mit Eiweiß bestreichen und in den verschiedenen Körnern, Gewürzen oder Käse wälzen und bei 60 °C etwa 6-8 Minuten im Ofen ausbacken.

FERTIGSTELLUNG › Die pacossierten Sorbets mithilfe einer Sterntülle in die vorbereiteten Teigtütchen spritzen.

KERBELSCHAUMSÜPPCHEN

mit Knusperbällchen vom Zander

FÜR 20 PORTIONEN

SCHAUMSÜPPCHEN
- 3 grob geschnittene Schalotten
- 2 grob geschnittene Knoblauchzehen
- 2 grob geschnittene Kerbelwurzeln
- 60 g Butter
- 200 ml Gemüsefond
- 150 ml Sahne
- 120 g Crème fraîche
- 80 ml Riesling
- 200 g frischer Kerbel
- 100 g junger Spinat
- Muskat

KNUSPERBÄLLCHEN
- 120 g klein geschnittenes Zanderfilet
- 60 g geröstete Weißbrotwürfel
- 1 Eiweiß
- 1 EL gehackte, gemischte Kräuter
- Muskat
- Pernod
- Zitronenabrieb
- 100 g Mie de pain
- Sonnenblumenöl

SCHAUMSÜPPCHEN › Schalotten, Knoblauch und Kerbelwurzeln in einem Drittel der Butter anschwitzen. Mit Gemüsefond, Sahne, Crème fraîche und Riesling auffüllen, kurz durchkochen lassen. Kerbel und Spinat grob hacken, dann im Rotor mit dem Suppenansatz fein mixen. Passieren und mit Salz, Pfeffer sowie Muskat abschmecken. Kurz vor dem Servieren mit der restlichen kalten Butter aufschlagen.

KNUSPERBÄLLCHEN › Zanderfilet mit Weißbrotwürfeln und Eiweiß vermengen, Kräuter zugeben und mit Salz, Pfeffer, Muskat, Pernod sowie Zitronenabrieb abschmecken. Die fertige Masse zu kleinen Kugeln formen und in Mie de pain wenden. Anschließend 2-3 Minuten in 170 °C heißem Öl ausbacken.

FERTIGSTELLUNG › Aufgeschäumte Suppe in Gläschen füllen, je ein Knusperbällchen auf einen Spieß stecken und auf die Suppe geben.

APFELWEINSÜPPCHEN

mit gebeiztem Saibling

FÜR 30 PORTIONEN

APFELWEINSÜPPCHEN
- › 4 fein geschnittene Schalotten
- › 40 g Butter
- › 2 EL Honig
- › 60 ml Apfelessig
- › 700 ml Cidre
- › 500 ml Sahne
- › 350 g Crème fraîche
- › 450 ml Gemüsebrühe
- › 80 ml Noilly Prat
- › 150 g frischer geriebener Meerrettich
- › Limonensaft
- › Tabasco
- › weißer Pfeffer

GEBEIZTER SAIBLING
- › 200 g Salz
- › 120 g Zucker
- › Schale von je ½ Zitrone und Orange
- › 70 g grob geschnittener Dill
- › 40 g gemischte Kräuter
- › 10 angedrückte Wacholderbeeren
- › je ½ TL Senfsaatkörner, Korianderkörner, Fenchelsamen und weiße Pfefferkörner
- › 2 Saiblingsfilets à 300 g

FERTIGSTELLUNG
- › Schnittlauchspitzen

APFELWEINSÜPPCHEN
› Schalotten in Butter anschwitzen, Honig zugeben, leicht karamellisieren und mit Apfelessig ablöschen. Cidre, Sahne, Crème fraîche und Brühe zugeben und etwas einkochen lassen. Anschließend Noilly Prat sowie ⅔ des Meerrettichs zugeben und ebenfalls kurz mitköcheln lassen. Mit Salz, Limonensaft, Tabasco und weißem Pfeffer abschmecken. Mixen und durch ein feines Sieb gießen.

GEBEIZTER SAIBLING › Salz, Zucker, Zitronen- und Orangenschale, Dill, Kräuter, Wacholderbeeren, Senfsaatkörner, Korianderkörner, Fenchelsamen und weiße Pfefferkörner in einer Schüssel vermischen. Die Filets rundherum gut mit der Beize bedecken, etwa 10 Stunden beizen lassen. Anschließend aus der Beize nehmen, abspülen und trocken tupfen. Aus jedem Filet 15 gleichmäßige Würfel schneiden.

FERTIGSTELLUNG › Suppe gut aufschäumen und in Gläschen füllen. Saiblingswürfel auf einen Spieß stecken, diesen in die Gläschen geben und mit dem restlichen frischen Meerrettich sowie Schnittlauchspitzen garnieren.

FORELLENCONSOMMÉ
mit Bonbon

FÜR 20 PORTIONEN

CONSOMMÉ
- 2 geräucherte Forellen
- 2 Dillzweige
- 20 g Ingwer
- 1 TL Fenchelsamen
- 4 angedrückte Wacholderbeeren
- 10 Pfefferkörner
- 500 ml Fischfond
- 500 ml Gemüsefond

BONBONS
- 150 g Weißbrotcroûtons
- 3 Eigelb
- 3 EL feine Gemüsewürfel
- Muskat
- 5 Strudelblätter (40 cm x 40 cm)
- Ei
- blanchierte Schnittlauchhalme

CONSOMMÉ › Geräucherte Forellen filetieren und die Filets für die Füllung des Bonbons beiseite legen. Gräten, Kopf und Haut zusammen mit Dill, Ingwer, Fenchel, Wacholder und Pfefferkörnern in ein Passiertuch geben, zubinden und anschließend in die Fisch-Gemüsefond-Mischung geben. Etwa 3-4 Stunden ziehen lassen. Das gefüllte Tuch aus dem Fond nehmen und diesen mit Salz und Pfeffer abschmecken.

BONBONS › Forellenfilets klein zupfen und mit Weißbrotcroûtons, Eigelb und Gemüsewürfeln zu einer lockeren Masse verarbeiten. Mit Salz, Pfeffer und Muskat pikant abschmecken. Für das Bonbon die Strudelteigblätter vierteln und die Masse darauf verteilen. Die Ränder mit Ei bestreichen, einrollen und zum Bonbon formen. Etwa 10-12 Minuten bei 160 °C im Ofen backen und die Enden vor dem Servieren mit blanchierten Schnittlauchhalmen zubinden. Bonbon und Süppchen nebeneinander anrichten.

BIRNENKALTSCHALE

mit Roquefortmousse

FÜR 20 PORTIONEN

BIRNENKALTSCHALE
› 300 g saftige Birnen, geschält und in Stücke geschnitten
› 60 ml Wasser
› 80 ml Weißwein
› 2 Nelken
› Schale von ¼ Zitrone
› ¼ Zimtstange
› 20 ml Birnengeist

ROQUEFORTMOUSSE
› 250 g Roquefort
› 150 g Magerquark
› Cayennepfeffer
› Zitronenabrieb
› 80 g geschlagene Sahne

FERTIGSTELLUNG
› 1 kleine Schale Kressemix

BIRNENKALTSCHALE › Birnenstücke mit Wasser, Weißwein, Nelken, Zitronenschale und Zimtstange in einen Topf geben und abgedeckt weich köcheln. Aromate entfernen, Birnengeist zugeben und mixen, anschließend passieren und kalt stellen.

ROQUEFORTMOUSSE › Roquefort und Magerquark im Pacojet mixen, aber nicht frieren. Die Masse aus dem Becher nehmen, mit Salz, Cayennepfeffer und Zitronenabrieb abschmecken und die geschlagene Sahne unterheben. Die fertige Masse in ein breites Gefäß einstreichen und kalt stellen.

FERTIGSTELLUNG › Die Kaltschale in kleine Gefäße geben. Mit einem heißen Kaffeelöffel von der Roquefortmousse Nocken abstechen und diese auf die Kaltschale setzen. Abschließend mit Kresseblättchen garnieren.

SAFRAN-BLUMENKOHL-SÜPPCHEN

mit gebratener Jakobsmuschel

FÜR 20 PORTIONEN

› 500 g geputzter Blumenkohl, klein geschnitten
› 3 klein geschnittene Schalotten
› 50 g Butter
› 400 ml Brühe
› 200 ml Sahne
› 200 g Crème fraîche
› 1 EL Honig
› 1 TL Safranfäden
› weißer Pfeffer
› Muskat
› Zitronensaft
› 20 kleine geputzte Jakobsmuscheln
› Öl
› Maldon Sea Salt
› Dill

Blumenkohlröschen und Schalotten in Butter anschwitzen. Mit Brühe, Sahne und Crème fraîche auffüllen, dann Honig und ⅔ der Safranfäden zugeben. Den Rest als Garnitur zur Seite stellen. Etwa 20 Minuten köcheln lassen, mixen und passieren. Mit Salz, weißem Pfeffer, Muskat und einem Spritzer Zitronensaft abschmecken. Die Jakobsmuscheln auf beiden Seiten gut in Öl anbraten und anschließend warm stellen. Zum Anrichten die Suppe nochmals aufschäumen und die Jakobsmuscheln mit Maldon Sea Salt salzen und auf einen Spieß stecken. Diesen quer über das Suppenglas legen und die restlichen Safranfäden auf den Süppchen verteilen. Mit Dill garnieren.

KÜRBISSCHAUMSUPPE

mit Speckpflaume

FÜR 20 PORTIONEN

KÜRBISSUPPE
- 400 g Muskatkürbis, geschält und gewürfelt
- 2 EL brauner Zucker
- 200 ml Riesling
- 150 ml Sahne
- 220 ml Gemüse-Kräuterfond
- 30 ml weißer Balsamico
- 150 g Crème fraîche
- Muskat
- Kurkuma
- weißer Pfeffer
- 50 g kalte Butter
- 80 g geschlagene Sahne

PFLAUMEN
- 20 Backpflaumen
- 300 ml starker schwarzer Tee
- Saft von 1 Orange
- 20 dünne Scheiben Bauchspeck
- Öl
- gehackte Kürbiskerne

KÜRBISSUPPE › Kürbis in einem Topf anschwitzen, den Zucker zugeben und leicht karamellisieren. Mit Riesling ablöschen, dann mit Sahne, Fond, weißem Balsamico und Crème fraîche auffüllen. Den Kürbis weich kochen und anschließend mixen, dann passieren. Mit Salz, Muskat, Kurkuma und weißem Pfeffer würzen. Zum Anrichten mit kalter Butter und geschlagener Sahne aufschäumen.

PFLAUMEN › Pflaumen etwa 24 Stunden in einer Tee-Orangensaftmischung ziehen lassen. Zur Weiterverarbeitung aus dem Fond nehmen, trocken tupfen und mit Speck umwickeln. Kurz in 200 °C heißem Öl frittieren, anschließend kurze Zeit auf ein Tuch setzen, auf einen Spieß geben und mit Kürbiskernen bestreuen.

FERTIGSTELLUNG › Aufgeschäumte Suppe in Gläschen füllen und diese mit den Pflaumenspießen belegen.

KAROTTEN-CURRY-SCHAUMSUPPE

mit Taubenbrust

20 PORTIONEN

TAUBENBRÜSTE
› 10 Taubenbrüste, zugeputzt ohne Haut
› 1 Rosmarinzweig
› 1 Thymianzweig
› 5 angedrückte Wacholderbeeren
› 1 kleines Stück Orangenschale
› 30 g Salzbutter
› 20 ml Madeira
› 20 ml Portwein
› Butter

KAROTTENSUPPE
› 8 Karotten (insgesamt etwa 800 g)
› 3 gewürfelte Schalotten
› 30 g Butter
› 1 EL Honig
› 20 g Curry
› 200 ml Karottensaft
› 150 ml Sahne
› 200 g Crème fraîche
› Saft von 1 Orange
› 20 g Ingwer
› Butter

TAUBENBRÜSTE › Taubenbrüste mit Rosmarin, Thymian, Wacholderbeeren, Orangenschale, Salzbutter, Madeira und Portwein in einen Vakuumbeutel geben, sodass die Brüste nebeneinander liegen und anschließend verschweißen. Bei 58 °C etwa 35 Minuten im Wasserbad garen, aus dem Beutel nehmen, abtupfen, leicht in etwas Butter anbraten. Anschließend salzen und in je 6 Längsstreifen schneiden.

KAROTTENSUPPE › Aus den Karotten 60 Perlen ausstechen, die Karotten anschließend klein schneiden und zusammen mit den Schalotten in 30 g Butter anschwitzen, dann den Honig zugeben. Curry zugeben und kurz mit anschwitzen. Anschließend mit Karottensaft auffüllen, Sahne, Crème fraîche, Orangensaft und Ingwer zugeben. Leicht köcheln lassen, bis die Karotten weich sind, im nächsten Schritt mixen und anschließend passieren. Vor dem Anrichten mit Salz und Pfeffer abschmecken und mit dem Stabmixer aufschäumen. Karottenperlen vor dem Verwenden blanchieren und in Butter anschwitzen.

FERTIGSTELLUNG › Die aufgeschäumte Suppe in Gläschen füllen. Die Taubenbrust abwechselnd mit den Karottenperlen in Wellen auf einen Holzspieß stecken und diesen quer über das Glas legen.

WILDENTENESSENZ

mit Trüffelroulade

FÜR 30 PORTIONEN

WILDENTENESSENZ
- 2 küchenfertige Wildenten à 800 g
- 300 g Wurzelgemüse
- 3 Petersilienstängel
- 3 Eiweiß
- Öl
- 250 g Röstgemüse
- 3 klein geschnittene Tomaten
- 2 klein geschnittene Zwiebeln
- 500 ml kräftiger Rotwein
- 1,2 l Wildfond
- 3 Thymianzweige
- 2 Rosmarinzweige
- 8 angedrückte Wacholderbeeren
- 14 Pfefferkörner
- 500 g Eiswürfel
- Sherry

TRÜFFELROULADEN
- 4 fertige dünne Crêpes (Ø 24 cm)
- 160 g gewürzte Geflügelfarce
- 70 g fein gewürfelter schwarzer Trüffel
- 30 ml Portwein

FERTIGSTELLUNG
- 350 g gemischte blanchierte Gemüseperlen (z. B. Zucchini, Karotte, Sellerie)

WILDENTENESSENZ › Enten auslösen, die Brüste für die Geflügelfarce weiterverarbeiten. Die Keulen mit dem Wurzelgemüse grob wolfen. Dann salzen und Petersilienstängel sowie Eiweiß zugeben. Das Entengebein zerkleinern und in Öl scharf anbraten. Röstgemüse, Tomaten sowie Zwiebeln zugeben und mitrösten. Mit Rotwein ablöschen und mit Wildfond auffüllen. Gewürze und Kräuter zugeben und kurz aufkochen, anschließend 6-8 Stunden ziehen lassen. Durch ein Tuch passieren, abkühlen und mit Eiswürfeln sowie der Wurzelgemüse-Fleisch-Mischung vermengen und einige Stunden kühl stellen. Bei schwacher Hitze langsam zum Kochen bringen. Den Topf zur Seite stellen, die kompakte Fleisch-Gemüsemasse absetzen lassen und die Essenz anschließend durch ein Tuch abschöpfen. Mit Salz und Sherry abschmecken.

TRÜFFELROULADEN › Crêpes rechteckig zuschneiden. Farce mit Trüffel und Portwein vermengen, dann auf die Crêpes streichen. Diese einrollen und zuerst in Klarsicht-, dann in Alufolie einwickeln und bei 65 °C im Wasserbad etwa 40 Minuten pochieren. Abkühlen lassen, dann auspacken und in Scheiben schneiden.

FERTIGSTELLUNG › Essenz gut erwärmen, in Gläschen füllen, Rouladen sowie einige Gemüseperlen einlegen.

ZITRONENGRASESSENZ

mit Maishähnchenbällchen

Bild Seite 94

FÜR 20 PORTIONEN

ZITRONENGRASESSENZ
- 20 Zitronengrasstängel
- 40 g in Scheiben geschnittener Ingwer
- 1 Chilischote
- 1,2 l Geflügelbrühe

MAISHÄHNCHENBÄLLCHEN
- 300 g Maishähnchenbrust, grob gekuttert
- 100 g Mie de pain
- 1 Ei
- 2 EL fein gehackte gemischte Kräuter
- Muskat
- 2 l Sonnenblumenöl

ZITRONENGRASESSENZ › Zitronengras schälen, die Mittelteile als Spieß verwenden. Die dicke Außenschale grob klein schneiden und mit Ingwer und Chilischote zur Geflügelbrühe geben. Alles etwa 2-3 Stunden ziehen lassen. Anschließend passieren und bei Bedarf mit Salz und Pfeffer nachschmecken.

MAISHÄHNCHENBÄLLCHEN › Gekutterte Hähnchenbrust mit Mie de pain, Ei und Kräutern mischen, dann mit Salz, Pfeffer und Muskat abschmecken. Aus der Masse kleine Kugeln formen und in 170 °C heißem Öl etwa 1-2 Minuten ausbacken. Bällchen anschließend abtupfen.

FERTIGSTELLUNG › Fertige Bällchen vorsichtig auf das Zitronengras stecken. Die Zitronengrasessenz in Gläser füllen und die Spieße darüberlegen.

SPARGELCREME

mit krossem Speck

Bild Seite 95

FÜR 20 PORTIONEN

SPARGELCREME
- 300 g Spargelabschnitte
- 60 g Butter
- 150 ml Riesling
- 200 ml Sahne
- 100 g Crème fraîche
- 350 ml Spargel- oder Gemüsefond
- Muskat und Zitronensaft
- 60 g geschlagene Sahne

SPECKSTREIFEN
- 250 g magere Bauchspeckstreifen
- 3 l Sonnenblumenöl

SPARGELCREME › Spargelabschnitte in der Hälfte der Butter anschwitzen, mit Riesling ablöschen und mit flüssiger Sahne, Crème fraîche und Fond auffüllen. Etwa 20 Minuten köcheln lassen. Anschließend mixen und passieren. Mit Salz, Pfeffer, Zucker, Muskat und einem Spritzer Zitronensaft abschmecken. Vor dem Servieren mit der restlichen Butter und der geschlagenen Sahne aufschäumen.

SPECKSTREIFEN › Die Speckstreifen in 3-4 Portionen schrittweise in heißem Öl kross ausbacken, auf einem Tuch abtropfen lassen.

FERTIGSTELLUNG › Spargelcreme in Gläschen füllen, Speckstreifen daraufgeben. Mit Schnittlauchspitzen garnieren.

OCHSENSCHWANZGELEE

mit Balsamicogemüse

FÜR 20 PORTIONEN

› 2 kg Ochsenschwanz
› 3 mittelgroße Zwiebeln mit Schale
› 300 g Röstgemüse
› 2 klein geschnittene reife Tomaten
› 10 angedrückte Wacholderbeeren
› 3 Lorbeerblätter
› 5 Nelken
› 4 Thymianzweige
› 2 angedrückte Knoblauchzehen
› 3 Petersilienstängel
› 15 weiße Pfefferkörner
› 200 ml Madeira
› 3 Blatt Gelatine

FERTIGSTELLUNG

› 300 g blanchierte Gemüsewürfel (Lauch, Karotte, Sellerie)
› 60 g Schnittlauchröllchen
› 20 ml weißer Balsamico
› 20 ml Arganöl
› Sellerieblättchen

Ochsenschwanz in Segmente schneiden und in einem Bräter gleichmäßig braun anrösten. Zwiebeln mit Schale halbieren und auf der Schnittseite in einer Eisenpfanne gut bräunen. Röstgemüse zu den angebratenen Ochsenschwanzsegmenten geben und ebenfalls mitrösten. Anschließend Tomaten und nach einigen Minuten die Zwiebeln zugeben. Mit Wasser bedecken, salzen und kurz aufkochen, anschließend abschäumen. 3-4 Stunden ziehen lassen. Nach etwa 2 Stunden Wacholderbeeren, Lorbeerblätter, Nelken, Thymian, Knoblauch und Petersilie zugeben. Eine halbe Stunde vor dem Weiterverarbeiten weiße Pfefferkörner sowie Madeira und eingeweichte und ausgedrückte Gelatine zugeben. Anschließend Kraftbrühe vorsichtig abschöpfen und durch ein Tuch passieren, damit sie klar bleibt. Gut abschmecken, da sie sehr kalt serviert wird. Abgedeckt bei 2-5 °C lagern. Das Fleisch des Ochsenschwanzes anderweitig verarbeiten.

FERTIGSTELLUNG › Zum Anrichten das Gelee durch eine Kartoffelpresse drücken und in Gläschen füllen. Gemüsewürfel und Schnittlauch mit Balsamico sowie Arganöl vermengen und mit Salz und Pfeffer abschmecken. Nocken abstechen und auf das Gelee geben. Mit Sellerieblättchen garnieren.

PIKANTES MELONENSÜPPCHEN

mit Garnele in der Asiakruste

FÜR 20 PORTIONEN

MELONENSÜPPCHEN
- 2 geschälte und entkernte Charantais-Melonen, grob gewürfelt
- 100 ml Gemüsebrühe
- 100 ml Riesling
- 80 ml Chicken-Chili-Sauce
- 30 g klein geschnittener Ingwer
- Tabasco
- Meersalz

GARNELEN IN DER ASIAKRUSTE
- 3 Eiweiß
- 20 geschälte und entdarmte Garnelenschwänze
- 300 g gemixte Asiacracker
- Öl

MELONENSÜPPCHEN › Melonen mit Brühe, Riesling, Chicken-Chili-Sauce und Ingwer in den Mixer geben, gut mixen und anschließend passieren. Mit Tabasco und Meersalz abschmecken, dann kalt stellen.

GARNELEN IN DER ASIAKRUSTE › Eiweiß leicht anschlagen, Garnelen damit bestreichen und in den gemixten Asia-Crackern wenden. Bei 170 °C etwa 3 Minuten in Öl ausbacken. Bei Bedarf nachsalzen.

FERTIGSTELLUNG › Suppe in Gläschen füllen, je eine Garnele auf einen Spieß stecken und über das Glas legen.

HÄHNCHENKRAFTBRÜHE

„thailändisch"

FÜR 20 PORTIONEN

- 1 Biohähnchen (etwa 1200 g)
- 1 Gemüsebündel (etwa 300 g)
- 200 g Champignons
- 30 g in Scheiben geschnittener Ingwer
- 2 Zitronengrasstängel
- 3 Korianderzweige
- 1 TL gelbes Currypulver
- 1 TL Kurkuma
- 1 halbierte Chilischote
- 1 halbierte Knoblauchzehe
- ½ TL Anissamen
- weißer Portwein
- 200 g gemischte Gemüsestreifen
- 40 Blätter Wan-Tan-Teig

Hähnchen waschen, trocknen und mit kaltem Wasser bedeckt auf den Herd stellen. Zunächst nur leicht salzen. Wasser langsam zum Kochen bringen, dann Gemüsebündel und Champignons zugeben. Eine halbe Stunde bevor das Hähnchen fertig gegart ist (insgesamt etwa 1½ Stunden), die restlichen Gewürze zugeben und mit ziehen lassen, damit das Aroma noch frisch bleibt. Vor dem Abpassieren durch ein Tuch die Brühe nochmals abschmecken, nach Belieben einen Schuss weißen Portwein zugeben.

Gemischte Gemüsestreifen als Einlage benutzen. Entweder das Hähnchenfleisch pur als Einlage verwenden. Alternativ kleine Dim-Sums aus Wan-Tan-Teig geformt, gefüllt mit Hähnchenfleisch, Suppengemüse und Champignons, einlegen und gar ziehen lassen.

VEGGIE

knackig, frisch
und vielfältig

MELONENWÜRFEL

mit altem Balsamico und Parmesan

FÜR 30 WÜRFEL

- 30 Wassermelonenwürfel (3 cm x 3 cm)
- 100 ml 30 Jahre alter Balsamico
- 300 g geriebener Parmesan

Mit einem Perlenausstecher an der Oberseite der Melonenwürfel eine Vertiefung herstellen. Kurz vor dem Servieren den Balsamico genau bis zum Rand der Vertiefung einfüllen. Geriebenen Parmesan auf eine Silikonmatte streuen, zu einem Rechteck von 3 cm x 8 cm formen und unter dem Salamander hellbraun schmelzen. In heißem Zustand nochmals nachformen. Zum Anrichten Parmesanchips an die Melonenwürfel anlehnen.

VEGGIE knackig, frisch und vielfältig

GEBACKENE WACHTELEIER

mit Rote Bete- und Spinatpüree

FÜR JE 30 EIER

GEBACKENE WACHTELEIER
› 400 g Mie de pain
› 30 g Sepiatintenpulver
› 60 g fein gehackte Petersilie und Kerbel, gemischt
› 60 Wachteleier (2,4 Minuten gekocht und geschält)
› Mehl
› Ei
› Öl

ROTE-BETE-PÜREE
› 2 klein geschnittene Schalotten
› Butter
› 1 EL Honig
› 250 g gekochte Rote Bete, geschält und gewürfelt
› weißer Balsamico
› 60 g Mascarpone
› weißer Pfeffer
› Muskat

SPINATPÜREE
› 200 g Spinat, gewaschen und geputzt
› 2 klein geschnittene Schalotten
› 1 klein geschnittene Knoblauchzehe
› Butter
› 60 g Crème fraîche
› 2 EL Haselnussöl
› Muskat

GEBACKENE WACHTELEIER › Mie de pain halbieren und je eine Hälfte mit Sepiatintenpulver sowie der Petersilien-Kerbel-Mischung vermengen. Wachteleier mit Mehl und Ei panieren, dann je 30 Stück in Tinten-Mie de pain und Kräuter-Mie de pain wälzen. Anschließend kurz in 190 °C heißem Öl ausbacken.

ROTE-BETE-PÜREE › Schalotten in Butter anschwitzen, Honig zugeben, kurz karamellisieren, dann die Rote-Bete-Würfel zugeben und einen kleinen Schuss Balsamico. Mit Mascarpone in den Thermomix geben und fein mixen. Mit Salz, weißem Pfeffer und Muskat abschmecken.

SPINATPÜREE › Spinat mit Schalotten und Knoblauch in Butter anschwitzen, kurz und gut ausdrücken, dann mit Crème fraîche und Haselnussöl in den Thermomix geben. Sehr fein mixen und mit Salz, Pfeffer und Muskat abschmecken.

FERTIGSTELLUNG › Die Pürees auf Löffel verteilen und je ein ausgebackenes Ei daraufsetzen.

PETERSILIENWURZELRAVIOLI
mit Petersilienpüree

FÜR 40 RAVIOLI

PETERSILIENWURZELRAVIOLI
- 40 Scheiben Petersilienwurzel (Ø 4 cm, 3 mm dick)
- 40 ml Gemüsebrühe
- 20 g Butter
- 600 g Petersilienwurzel, geschält und gewürfelt
- 120 ml Sahne
- 60 g Crème fraîche
- 60 g kalte Butter, in Stücke geschnitten
- 1 EL Kartoffelpüreepulver
- Zitronensaft
- weißer Pfeffer
- Muskat

PETERSILIENPÜREE
- 350 g Blattpetersilie
- 60 ml Gemüsebrühe
- 60 g kalte Butter, in Stücke geschnitten
- 1 EL Kartoffelpüreepulver
- weißer Pfeffer
- Muskat

FERTIGSTELLUNG
- frittierte Petersilienblätter

PETERSILIENWURZELRAVIOLI › Die Petersilienwurzelscheiben kurz in Salzwasser blanchieren und vor dem Weiterverarbeiten in einem Gemüsebrühe-Butterfond erwärmen und mit Salz und Pfeffer abschmecken. Petersilienwurzelwürfel mit Sahne und Crème fraîche weich kochen, dann im Thermomix fein pürieren. Kalte Butterstücke unterziehen und nach Bedarf mit Püreepulver etwas nachdicken. Einen Spritzer Zitronensaft zugeben und mit Salz, wenig weißem Pfeffer und Muskat abschmecken. Das Püree auf eine Hälfte der Petersilienwurzelscheiben geben und die andere Hälfte darüber klappen, die Ränder glatt streichen.

PETERSILIENPÜREE › Blattpetersilie blanchieren, gut ausdrücken und mit der heißen Gemüsebrühe in den Thermomix geben. Mit den kalten Butterstücken fein pürieren. Nach Bedarf mit Püreepulver nachdicken. Mit Salz, weißem Pfeffer und Muskat abschmecken.

FERTIGSTELLUNG › Ravioli anrichten, etwas Püree dazugeben und mit den frittierten Blättern garnieren.

WASABI-GURKEN-PANNA-COTTA

FÜR 20 PORTIONEN

WASABI-GURKEN-PANNA-COTTA
- 100 ml Weißwein
- 3 TL Agar-Agar
- 300 g fettarmer Joghurt
- 900 g unbehandelte Gartengurke mit Schale
- 15 g Wasabipaste
- 1 EL Spinatmatte
- weißer Pfeffer
- Cayennepfeffer
- Limonensaft

MELONENSTREIFEN
- 1 Charentais-Melone
- 60 ml Chilisauce

FERTIGSTELLUNG
- 60 g Crème fraîche
- Cayennepfeffer
- Limonensaft
- 3 kleine Chilischoten, in kleine Streifen geschnitten

WASABI-GURKEN-PANNA-COTTA › Weißwein erhitzen, Agar-Agar zugeben, glatt rühren und einige Minuten quellen lassen. Joghurt zugeben, kurz aufkochen und zur Seite stellen. Gurke mixen und mit Wasabipaste sowie Spinatmatte zur Joghurtmasse geben. Mit Zucker, Salz, weißem Pfeffer, Cayennepfeffer und Limonensaft pikant abschmecken. Die Masse durch ein feines Sieb passieren und in eine Form füllen. Mindestens 6 Stunden kalt stellen und anschließend stürzen. In Würfel schneiden.

MELONENSTREIFEN › Aus dem Melonenfruchtfleisch mithilfe eines kleinen länglichen Ausstechers (es geht auch ein Röhrchen) 7-8 cm lange Streifen ausstechen. Die Streifen mindestens 1-2 Stunden in der Chilisauce marinieren.

FERTIGSTELLUNG › Crème fraîche mit Salz, Cayennepfeffer und Limonensaft würzen. Zum Anrichten die Melonenstreifen mit der abgeschmeckten Crème fraîche auf den Panna-cotta-Würfeln fixieren. Mit feinen Chilistreifen garnieren.

ROTE-BETE-RISOTTO

mit Essigäpfeln

FÜR 30 PORTIONEN

ROTE-BETE-RISOTTO
- 250 g Risottoreis (Abalone)
- 30 ml Olivenöl
- 3 fein geschnittene Schalotten
- 1 fein geschnittene Knoblauchzehe
- 200 ml Gemüsebrühe
- 80 ml Rote-Bete-Saft
- 1 TL Meerrettich
- 300 g Rote Bete, gekocht und gewürfelt
- 60 g Parmesan
- 60 g Butter
- schwarzer Pfeffer
- Muskat
- Zitronensaft

ESSIGÄPFEL
- 6-8 Äpfel
- 50 g Butter
- 30 g Zucker
- 60 ml Apfelessig

FERTIGSTELLUNG
- Kerbel

ROTE-BETE-RISOTTO › Risottoreis in Olivenöl anschwitzen, Schalotten und Knoblauch zugeben und nach und nach mit Gemüsebrühe aufgießen. Rote-Bete-Saft und Meerrettich zugeben, dann gar ziehen lassen. Rote-Bete-Würfel, Parmesan und Butter zugeben, mit Salz, schwarzem Pfeffer, Muskat und Zitronensaft abschmecken.

ESSIGÄPFEL › Äpfel in Spalten schneiden und tournieren. Butter und Zucker leicht karamellisieren, Apfelspalten zugeben und mit Essig ablöschen, leicht salzen.

FERTIGSTELLUNG › Risotto anrichten, Apfelspalten daraufsetzen und mit Kerbel garnieren.

GORGONZOLATARTLETT

mit Spinatkugel

FÜR 30 TARTLETTES

GORGONZOLATARTLETT

TEIG
› 200 g Mehl
› 80 g Butter
› 1 Ei
› 1 EL Zucker
› 1 TL Salz
› 60 g Magerquark

FÜLLUNG
› 250 g Gorgonzola
› 100 g Magerquark
› 60 g Mascarpone
› 60 ml weißer Portwein
› Muskat

SPINATKUGELN
› 400 g Blattspinat
› 2 fein geschnittene Schalotten
› 2 fein geschnittene Knoblauchzehen
› 40 g Butter

GORGONZOLATARTLETT
› Für den Teig Mehl mit handwarmer Butter, Ei, Zucker, Salz und Magerquark zu einem Teig vermengen. Teig 1-2 Stunden kühl stellen, ausrollen und in ausgebutterte Tartlettformen geben. Bei 180 °C 10 Minuten blind backen, auskühlen lassen und aus den Formen nehmen. Gorgonzola, Magerquark, Mascarpone und Portwein miteinander verrühren, mit Salz, Pfeffer und Muskat würzen, dann in die Tartlettes füllen und kurz anbacken.

SPINATKUGELN › Spinat mit Schalotten und Knoblauch kurz in Butter dünsten und mit Salz und Pfeffer abschmecken. Gleichmäßige Blätter aussuchen und zur Seite legen. Den Rest gut ausdrücken und in die beiseite gelegten Blätter zu Kugeln eindrehen.

FERTIGSTELLUNG › Die fertigen Kugeln erwärmen und auf die angebackenen Tartlettes geben.

GEFÜLLTES MINIGEMÜSE

FÜR 30 PORTIONEN

PAPRIKA
› Olivenöl
› je 100 g fein gewürfelte Paprika, Aubergine, Zucchini und Zwiebel
› 1 TL fein geschnittener Knoblauch
› 1 EL Tomatenmark
› 2 Thymianzweige
› 2 Rosmarinzweige
› 300 ml Tomatensaft
› Salz
› Pfeffer
› Muskat
› 30 Minipaprika (gelb oder rot)
› 150 g geriebener Parmesan

KÜRBIS
› 30 Minikürbisse
› 230 g Magerquark
› 150 g Frischkäse (Philadelphia)
› je 15 g gehackter Estragon, Thymian und Kerbel
› Zitronenabrieb
› Cayennepfeffer
› kleine Feldsalatblättchen

FENCHEL
› 15 Minifenchel
› 3 Orangen, geschält und filiert
› 2 rosa Grapefruits, geschält und filiert
› Orangenessig
› Walnussöl
› Tabasco
› Fenchelkraut

MORCHELN
› 30 mittelgroße Morcheln
› 1 EL fein geschnittene Schalotten
› 20 g Butter
› 60 ml Madeira
› Muskat
› 300 g Erbsencreme (siehe Seite 163)

ZUCCHINI
› 15 Minizucchini
› 150 g Ziegenkäse
› 100 g Frischkäse
› 100 g reifer Camembert
› 1 EL Honig
› ½ TL fein geschnittener Knoblauch
› gemahlener Kümmel
› Thymian
› rote Basilikumkresse

PAPRIKA › Olivenöl in einem Topf erhitzen, Gemüsewürfel und Knoblauch darin anschwitzen, dann Tomatenmark zugeben, kurz mitrösten, Thymian und Rosmarin zugeben und mit Tomatensaft auffüllen. Etwas köcheln lassen, die Kräuter entfernen und mit Gewürzen abschmecken. Den Stielansatz der Paprikas abschneiden und das Kernhaus entfernen. Das abgeschmeckte Gemüse einfüllen und etwa 20 Minuten bei 150 °C im Ofen backen. Vor dem Servieren mit Parmesan gratinieren.

KÜRBIS › Den Stielansatz der Kürbisse abschneiden, dann leicht aushöhlen, kurz blanchieren und anschließend trocken tupfen. Magerquark mit Frischkäse glatt rühren, Kräuter zugeben und mit Zitronenabrieb, Salz und Cayennepfeffer abschmecken. Die Minikürbisse damit füllen und mit Feldsalat ausgarnieren.

FENCHEL › Die äußeren Stücke der Fenchel (Schuhe) vorsichtig abtrennen und zuschneiden. Die Fenchelschuhe kurz blanchieren, abtrocknen und an der Unterseite begradigen. Zitrusfruchtfilets in Würfel schneiden und mit Orangenessig, Walnussöl, Salz und Tabasco abschmecken. Die Schuhe damit füllen und mit Fenchelkraut garnieren.

MORCHELN › Morcheln und Schalotten kurz in Butter andünsten und mit Madeira ablöschen. Dann mit Salz, Pfeffer und Muskat würzen. Morcheln mit der Erbsencreme füllen.

ZUCCHINI › Zucchini halbieren, die Hälften aushöhlen, kurz blanchieren und trocken tupfen. Verschiedene Käsesorten mit Honig und Knoblauch zu einer homogenen Masse vermengen und mit Salz, Pfeffer und Kümmel abschmecken. Masse in die Zucchinihälften füllen und mit Thymian und Kresse garnieren.

GESCHMORTE VANILLEKAROTTEN

mit grünen Mandeln

FÜR 30 PORTIONEN

› 80 g brauner Zucker
› 350 ml Karottensaft
› 250 ml Gemüsebrühe
› 60 g Butter
› 30 ml Malzessig
› 3 halbierte Vanillestangen
› weißer Pfeffer
› Muskat
› 1,2 kg geschälte Karotten
› 30 geschälte Fingerkarotten
› 60 ausgebrochene grüne Mandeln
› Milch

Braunen Zucker karamellisieren, mit Karottensaft ablöschen, dann mit Gemüsebrühe auffüllen und Butter sowie Malzessig zugeben. Etwas einkochen lassen, Vanillestangen zugeben und mit Salz, weißem Pfeffer und Muskat würzen. Karotten halbieren, das Innere entfernen, in schräge Stücke schneiden und zum Fond geben. Langsam köcheln lassen, bis die Karottenstücke weich sind. Karotten herausnehmen, den Fond passieren, bei Bedarf etwas eindicken und nochmals abschmecken. Fingerkarotten in diesem Fond gar ziehen lassen. Mandelkerne in etwas Milch erwärmen. Zum Anrichten die Karottenstücke mit Fond in einen tiefen Teller geben, dann Fingerkarotten halbieren und mit den Mandeln ansetzen.

IN SOJA GEBRATENER SPARGEL

mit Chilikartoffeln

FÜR 20 PORTIONEN

› 10 Stangen geschälter weißer Spargel
› 10 Stangen grüner Spargel (nur am unteren Drittel geschält)
› Sesamöl
› Sojassauce
› Austernsauce
› Tabasco
› Limonensaft
› 6-8 Kartoffeln, in der Schale gekocht und geschält
› Distelöl
› passierte Chilisauce
› weißer Pfeffer
› Muskat

Spargel schräg in Stücke schneiden, in Sesamöl anbraten. Etwas Soja- und Austernsauce zugeben und mit Tabasco und Limonensaft abschmecken. Die Kartoffeln in Scheiben schneiden und in Distelöl anbraten. Mit Chilisauce, wenig Salz, weißem Pfeffer und Muskat abschmecken. Alles zusammen auf kleinen Tellern anrichten.

BUNTER KARTOFFELSALAT

mit Grapefruit-Vinaigrette

FÜR 30 PORTIONEN

› je 6-8 große Süßkartoffeln, blaue Kartoffeln und Sieglinde
› 1 TL Kümmel
› 50 ml weißer Balsamico
› 120 ml Sonnenblumenöl
› 4 rosa Grapefruits, geschält und filiert (den Saft auffangen)
› Tabasco
› 50 g in Streifen geschnittene Liebstöcklblätter

Kartoffeln mit Kümmel in Salzwasser auf den Punkt garen, schälen, in Scheiben schneiden und mit einem Ausstecher Kreise von 3 cm Durchmesser ausstechen. Eine Vinaigrette aus Balsamico, Sonnenblumenöl, Grapefruitsaft, Salz, Zucker und Tabasco herstellen. Kartoffelscheiben mit der erwärmten Vinaigrette übergießen und 1-2 Stunden ziehen lassen. Dann auf einem Teller anrichten und klein geschnittene Grapefruitfilets sowie Liebstöckl darübergeben.

RATATOUILLESPIESSE

FÜR 20 SPIESSE

› 4 große rote Paprika
› 4 große gelbe Paprika
› 6-8 rote Zwiebeln
› 1 mittelgroße Zucchini
› 1 Aubergine
› 1 angedrückte Knoblauchzehe
› 2 Thymianzweige
› 2 Rosmarinzweige
› Olivenöl
› 200 g grünes Pesto

Gemüse waschen, putzen und in 3 cm x 3 cm große Stücke schneiden. Die Stücke mit Knoblauch, Thymian und Rosmarin leicht in Olivenöl anbraten, mit Salz und Pfeffer würzen und auf einen Spieß stecken. Spieße anrichten und etwas Pesto auf den Teller träufeln.

PFIFFERLINGE IN MADEIRAGELEE

mit pikantem Joghurt

FÜR 30 WÜRFEL

**PFIFFERLINGE
IN MADEIRAGELEE**
- 1 kg kleine Pfifferlinge, sauber geputzt
- 4 fein geschnittene Schalotten
- 4 fein geschnittene Knoblauchzehen
- Balsamicoessig
- weißer Pfeffer
- 80 g gehackte Petersilie und Kerbel, gemischt
- 450 ml Gemüsefond
- 2 TL Agar-Agar
- 300 ml Madeira

PIKANTER JOGHURT
- 400 g Joghurt
- 20 ml Cognac
- 1 EL gestoßene Gewürze (z. B. rosa Pfeffer, Korianderkörner, Kubebenpfeffer, getrocknete kleine Chilis, Curry)
- Zitronensaft

FERTIGSTELLUNG
- 200 g Salatmix

PFIFFERLINGE IN MADEIRAGELEE › Pfifferlinge leicht anbraten, davon einige als Garnitur zur Seite legen. Schalotten und Knoblauch zugeben, kurz mitschwenken und einen Schuss Balsamico angießen, dann mit Salz und weißem Pfeffer würzen. Kurz abkühlen lassen und Petersilie sowie Kerbel zufügen. Gemüsefond erhitzen, Agar-Agar zugeben und glatt rühren. Einige Minuten quellen lassen, dann Madeira und Pfifferlinge zugeben. Alles nochmals gut abschmecken und in Silikonwürfelformen abfüllen und einige Stunden abgedeckt kalt stellen.

PIKANTER JOGHURT › Joghurt mit Cognac und Gewürzen verrühren, dann mit Salz und Zitronensaft abschmecken.

FERTIGSTELLUNG › Fertige Geleewürfel stürzen, je zwei auf einen Teller setzen und den Joghurt angießen. Mit den beiseite gestellten Pfifferlingen sowie einigen Salatblättern garnieren.

BROKKOLI-MILLE-FEUILLE

mit Trüffelspänen

FÜR 30 STÜCK

› 450 g blanchierte Brokkoliröschen
› 60 g Mascarpone
› 60 g Butter
› Muskat
› 120 Scheiben Pumpernickel (Ø 4 cm)
› Butterschmalz
› 100 g Sommertrüffel

Brokkoli mit Mascarpone und Butter mixen und mit Salz und Muskat abschmecken. Pumpernickelscheiben in Butterschmalz anrösten. Die Masse zwischen je 4 Brotscheiben schichten. Den Trüffel mit einer Reibe ganz locker darauf reiben.

SELLERIERÖLLCHEN

mit Lauchfüllung

FÜR 30 RÖLLCHEN

- 30 Sellerieplatten, auf einer Gemüseschneidemaschine hergestellt (10 cm x 8 cm)
- 600 g blanchierter Lauch, klein geschnitten
- 200 g gekochte Kartoffeln
- 150 ml Sahne
- 60 g Crème fraîche
- 1 fein geschnittene Knoblauchzehe
- weißer Pfeffer
- Muskat
- 60 ml Gemüsefond
- 30 g Butter
- 15 geputzte Staudenselleriestangen

Sellerieplatten kurz auf einem Lochblech dämpfen. Aus Lauch, Kartoffeln, Sahne, Crème fraîche und Knoblauch im Thermomix ein feines Püree herstellen und gut mit Salz, weißem Pfeffer und Muskat abschmecken. Gedämpfte Sellerieplatten in Gemüse-Butterfond erwärmen und mit Salz und Pfeffer abschmecken. Lauchpüree auf die Sellerieplatten spritzen und straff einrollen. Staudenselleriestangen halbieren, auf den Teller setzen und die Sellerieröllchen darauf anrichten.

PILZLASAGNE

mit Bärlauch

FÜR 20 PORTIONEN

PILZLASAGNE
› 1,3 kg gemischte Pilze (z. B. Steinpilze, Pfifferlinge, Champignons usw.), geputzt und gewaschen
› 50 g Butter
› 5 fein geschnittene Schalotten
› 3 fein geschnittene Knoblauchzehen
› 80 ml Weißwein
› 150 g Crème fraîche
› 200 ml Sahne
› weißer Pfeffer
› edelsüßes Paprikapulver
› Muskat
› 400 g Gemüsewürfel
› 350 g grob geschnittener Bärlauch
› 4 Nudelplatten (20 cm x 30 cm)
› 120 g geriebener Parmesan

PILZGEMÜSE
› 1 EL Schnittlauchröllchen
› 1 EL Petersilie
› Madeira

PILZLASAGNE › Pilze leicht in Butter anschwitzen und 300 g davon zur Seite stellen. Schalotten und Knoblauch ebenfalls in Butter anschwitzen, dann mit Weißwein ablöschen und mit Crème fraîche und Sahne auffüllen. Einkochen lassen und nach Bedarf leicht eindicken. Mit Salz, weißem Pfeffer, Paprikapulver und Muskat abschmecken. Eine große oder mehrere kleine Formen ausbuttern. Anschließend Pilze, Gemüsewürfel (davon 100 g zur Seite stellen), Bärlauch und Sauce abwechselnd mit den Nudelplatten gleichmäßig einschichten, dazwischen immer leicht würzen. Je nach Größe der Form zwischen 30 und 50 Minuten bei 180 °C in den Backofen geben. Kurz vor Ende der Backzeit Parmesan aufstreuen und nur noch auf Oberhitze stellen.

PILZGEMÜSE › Die restlichen Pilze und die beiseite gestellten Gemüsewürfel mit Schnittlauch und Petersilie vermengen, mit Salz, Pfeffer und Madeira abschmecken.

FERTIGSTELLUNG › Fertige Lasagne portionieren oder ganz im Förmchen servieren. Pilzgemüse dazu reichen.

KARTOFFELSPITZEN

mit Sauerkrautfüllung

FÜR 30 PORTIONEN

› 10 große geschälte Kartoffeln
› Muskat
› Butterschmalz
› 600 g gekochtes Sauerkraut, abgeschmeckt
› Petersilienblättchen

Kartoffeln an den Enden gerade abschneiden und in die Gemüseschneidemaschine einspannen. Mindestens 50 cm lange Platten herstellen. Die Platten mit Salz und Muskat würzen, einzeln einrollen und 1,5 cm breite Rollen abschneiden. Diese auf ein Lochblech legen und etwa 10 Minuten unter Dampf garen. Anschließend leicht in Butterschmalz anbraten und zum Anrichten die Spirale von der Mitte her nach oben durchdrücken, sodass eine Spitze mit Hohlraum entsteht. In diesen Hohlraum das erwärmte Sauerkraut einfüllen und mit einem Petersilienblättchen garnieren. Dazu nach Belieben ein kleines Glas Weißbier (0,1 l) servieren.

FISCH & MEERES-FRÜCHTE

Edles im Kleinen

WARME TERRINE

von zweierlei Karpfen

FÜR 20 STÜCK

› 150 g gewürfeltes Zanderfilet
› 250 g gewürfeltes Karpfenfilet
› 350 ml Sahne
› 3 Eiweiß
› 300 g Filet vom geräucherten Karpfen mit Haut
› 20 ml Pastis (Ricard)
› je 30 g gehackter Dill und Kerbel
› Rauchsalz
› Cayennepfeffer
› Zitronenabrieb

FERTIGSTELLUNG

› frittierte Streichholzkartoffeln
› feine Späne vom grünen Apfel
› Preiselbeeren

Fischwürfel kurz anfrieren, anschließend mit Sahne und dem Eiweiß zu einer Farce kuttern. Geräuchertes Karpfenfilet klein schneiden und zur Farce geben, dann den Pastis sowie die Kräuter. Ausgewogen mit Rauchsalz, Cayennepfeffer und Zitronenabrieb abschmecken und in eine mit Folie ausgelegte Dachrinnenform geben. Die Form gut verschließen und bei 80 °C im Kombidämpfer etwa 45 Minuten pochieren. Herausnehmen und gut zimmerwarm servieren.

FERTIGSTELLUNG › Zimmerwarme Terrine portionieren und mit Streichholzkartoffeln, Apfelspänen und Preiselbeeren garniert anrichten.

LACHSSAVARIN

mit Pesto-Spinat-Creme

FÜR 20 SAVARINS

LACHSSAVARIN
- 600 g gewürfeltes Lachsfilet
- 450 ml Sahne
- 3 Eiweiß
- 40 ml Pernod
- 40 ml Noilly Prat
- Cayennepfeffer
- Zitronenabrieb

PESTO-SPINAT-CREME
- 200 g Spinat
- 2 fein geschnittene Schalotten
- 40 g Butter
- 200 g Pesto
- 1 TL Kartoffelpüreepulver
- Muskat

FERTIGSTELLUNG
- geröstete Lauchzwiebelscheiben

LACHSSAVARIN › Lachsfilet mit Sahne, Eiweiß, Pernod und Noilly Prat vermengen, mit Salz, Cayennepfeffer und Zitronenabrieb abschmecken. Fertige Masse in Pacojet-Behälter füllen und einige Stunden frieren. Die Farce zweimal pacossieren und in gebutterte Savarinformen spritzen. Abgedeckt bei 72 °C im Kombidämpfer 20 Minuten pochieren.

PESTO-SPINAT-CREME › Spinat und Schalotten in Butter anschwenken, gut ausdrücken und mit Pesto im Thermomix zu einem feinen Püree verarbeiten. Bei Bedarf mit Püreepulver nachdicken, dann mit Salz, Pfeffer und Muskat abschmecken.

FERTIGSTELLUNG › Savarins ausformen und auf Tellern anrichten. In die Mitte die Pesto-Spinat-Creme geben, mit je einer Lauchzwiebelscheibe garnieren.

LOUP DE MER

auf Paprikarisotto

FÜR 20 PORTIONEN

WOLFSBARSCH
› Olivenöl
› 1 Zitronengrasstängel
› 2 Thymianzweige
› 2 Ingwerscheiben
› 1 halbierte Knoblauchzehe
› 20 Stücke vom Wolfsbarschfilet (etwa 4 cm x 4 cm)
› 50 g Butter
› 2 EL gemischte, gehackte Kräuter

PAPRIKARISOTTO
› 200 g Risottoreis (Abalone)
› Olivenöl
› 4 fein geschnittene Schalotten
› 2 fein geschnittene Knoblauchzehen
› 3 Rosmarinzweige
› 80 ml Riesling
› 300 ml Gemüsefond
› 1 TL edelsüßes Paprikapulver
› 200 ml Tomatensaft
› 300 g Paprikawürfel (gelb und rot)
› 40 g Butter
› 60 g geriebener Parmesan

FERTIGSTELLUNG
› Pfeffer aus der Mühle
› Maldon Sea Salt
› Thymianzweige

WOLFSBARSCH › Olivenöl in eine beschichtete Pfanne geben, Zitronengras, Thymian, Ingwer und Knoblauch zufügen. Die Filetstücke auf der Hautseite darin anbraten, bis die Haut etwas Farbe genommen hat. Butter zugeben und die Filets mit einem Löffel immer wieder mit der schäumenden Butter übergießen. Zum Schluss die Kräuter zugeben. Die Wolfsbarschstücke auf ein Küchenkrepp geben und warm stellen.

PAPRIKARISOTTO › Reis in einem Topf mit Olivenöl leicht anschwitzen, Schalotten, Knoblauch und Rosmarinzweige zugeben. Mit Riesling ablöschen, nach und nach unter ständigem Rühren den Gemüsefond zugeben und einköcheln lassen. Wenn das Risotto noch guten Biss hat, Paprikapulver und Tomatensaft zugeben. Dann Paprikawürfel und Butter zugeben. Zum Schluss den Parmesan unterziehen und mit Salz und Pfeffer abschmecken.

FERTIGSTELLUNG › Das Risotto mithilfe eines Förmchens auf den Teller geben und das mit Pfeffer und Maldon Sea Salt gewürzte Filet daraufsetzen. Mit einem Thymianzweig garnieren.

SEEZUNGENRÖLLCHEN

mit Orangen-Fenchel-Gemüse

FÜR 30 RÖLLCHEN

SEEZUNGENRÖLLCHEN
- 10 Seezungenfilets à 60 g
- 200 g gewürzte Lachsfarce
- 100 g blanchierter Spinat

ORANGEN-FENCHEL-GEMÜSE
- 600 g fein gehobelter Fenchel
- 20 ml Walnussöl
- 100 ml Weißwein
- 250 ml frisch gepresster Orangensaft
- 150 ml Fischfond
- 30 ml Pernod
- 40 g Butter
- Cayennepfeffer

FERTIGSTELLUNG
- 400 g Blutorangenfilets
- 150 g geröstete Pinienkerne
- Orangenzesten

SEEZUNGENRÖLLCHEN › Seezungenfilets leicht plattieren und nebeneinander jeweils 5 Filets mit der Silberhaut nach oben auf eine Klarsichtfolie legen und mit Salz und Pfeffer würzen. Mit Lachsfarce einstreichen und mit blanchiertem Spinat belegen. Filets anschließend straff einrollen und mit Alufolie fixieren. Die fertigen Rollen bei 62 °C 35 Minuten pochieren.

ORANGEN-FENCHEL-GEMÜSE › Fenchel in Walnussöl anschwitzen und mit Weißwein ablöschen. Orangensaft und Fischfond in separate Töpfe geben und jeweils bis zur Hälfte einkochen lassen. Zusammen mit Pernod zum Fenchel geben. Dann schrittweise die Butter zugeben und mit Salz und Cayennepfeffer abschmecken.

FERTIGSTELLUNG › Seezungenröllchen aus der Folie nehmen und portionieren. Orangenfilets zum Fenchelgemüse geben und sofort auf Tellern anrichten. Die Röllchen daraufsetzen und mit Pinienkernen sowie Orangenzesten garnieren.

SEETEUFEL MIT MORCHEL

und Gänseleberstick

FÜR 30 PORTIONEN

› 600 g Seeteufelfilet
› 3 Thymianzweige
› 1 Zitronengrasstängel
› 3 Ingwerscheiben
› Öl
› Butter
› 400 g Morcheln
› 2 fein gewürfelte Schalotten
› 40 ml Madeira
› 200 g blanchierte Gemüsewürfel
› 1 EL gehackte Kräuter
› Muskat

FERTIGSTELLUNG

› 3 Scheiben Tramezzini
› 250 g Gänseleberpastete
› Maldon Sea Salt

Seeteufelfilet in Medaillons schneiden, dann mit Thymian, Zitronengras und Ingwer in Öl anbraten, mit geschäumter Butter übergießen und warm stellen. Morcheln mit Schalottenwürfeln anschwitzen, Madeira, blanchierte Gemüsewürfel und Kräuter zugeben, mit Salz, Pfeffer und Muskat abschmecken.

FERTIGSTELLUNG

› Tramezzinischeiben anrösten und in 8 cm x 1,5 cm große Rechtecke schneiden. Gänseleberpastete ebenso zuschneiden und auf die Tramezzinirechtecke legen. Seeteufelmedaillons halbieren oder vierteln und mit Maldon Sea Salt und Pfeffer würzen. Mit Morchelgemüse auf einem Löffel anrichten. Die temperierten Sticks anlegen.

JAKOBSMUSCHELN MIT NÜSSEN

auf Lauchschaum

FÜR 20 PORTIONEN

MUSCHELN
- 20 geputzte Jakobsmuscheln
- Haselnussöl
- Maldon Sea Salt
- schwarzer Pfeffer
- 80 g Macadamianüsse, gehackt und angeröstet
- 60 g gehackte schwarze Nüsse

LAUCHSCHAUM
- 120 g Lauch, geputzt und klein geschnitten
- 20 g Bauchspeck
- 20 g Butter
- 1 klein geschnittene Knoblauchzehe
- 100 ml Gemüsefond
- 80 g Crème fraîche
- 80 ml Sahne
- Muskat

MUSCHELN › Jakobsmuscheln in Haselnussöl auf beiden Seiten scharf anbraten, mit Maldon Sea Salt und Pfeffer würzen. Nüsse mischen, nochmals kurz anrösten und auf den Muscheln verteilen.

LAUCHSCHAUM › Lauch mit Speck in Butter anschwitzen, Knoblauch, Gemüsefond, Crème fraîche und Sahne zugeben und kurz durchköcheln lassen. Anschließend mixen und passieren. Mit Salz, Pfeffer und Muskat abschmecken.

FERTIGSTELLUNG › Zum Anrichten den Schaum nochmals aufschäumen und die warmen Muscheln auf den Lauchschaum setzen.

FORELLE MIT KOHLRABIPÜREE UND KAVIAR

FÜR 20 PORTIONEN

FORELLENFILETS
- je 100 g Streifen von Karotten, Zwiebeln, Sellerie und Lauch
- Butter
- 300 ml Riesling
- 2 l Wasser
- je 1 TL angedrückte Wacholderbeeren, Fenchelsamen, Senfsaat und Pfefferkörner
- 4 Nelken
- Schale von einer ½ Zitrone
- 2 Lorbeerblätter
- 2 Petersilienstängel
- 2 Dillzweige
- 60 ml heller Essig
- 20 Stücke Forellenfilet mit Haut à 60 g

KOHLRABIPÜREE
- 300 g Kohlrabi, geschält und gewürfelt
- 150 ml Sahne
- 60 g Crème fraîche
- 100 g gekochte Kartoffeln
- Muskat

FERTIGSTELLUNG
- 150 g Forellenkaviar
- Schnittlauchspitzen

FORELLENFILETS › Gemüsestreifen mit wenig Butter in einem flachen Topf anschwitzen, Riesling, Wasser, Aromate und Essig zugeben und gut salzen. Kurz aufkochen, die Filetstücke einlegen und etwas darin ziehen lassen.

KOHLRABIPÜREE › Kohlrabiwürfel in der Sahne weichkochen, Crème fraîche und durchgedrückte Kartoffel zugeben. Fein pürieren und durch ein Sieb streichen. Mit Salz, Pfeffer und Muskat abschmecken.

FERTIGSTELLUNG › Püree als Linie auf einen Teller spritzen, Filetstücke vorsichtig aus dem Sud nehmen und anlegen. Kaviar vor dem Anrichten mit lauwarmem Wasser spülen und auf das Filet geben. Mit Schnittlauchspitzen garnieren.

SPAGHETTI-HALBKUGEL

mit Jakobsmuschel und Spinat

FÜR 20 KUGELN

SPAGHETTI-HALBKUGELN
- 600 g gekochte Spaghetti mit gutem Biss
- 300 g gewürzte Lachsfarce
- 20 kleine geputzte Jakobsmuscheln

SPINAT
- 600 g Blattspinat
- 3 fein geschnittene Schalotten
- 2 fein geschnittene Knoblauchzehen
- Butter
- Muskat

ZITRONENGRASSCHAUM
- 150 g Fischfond
- 2 klein geschnittene Zitronengrasstängel
- 60 ml Weißwein
- 8 g Crème fraîche
- 120 ml Sahne
- 60 g Butter

FERTIGSTELLUNG
- gewürztes Fenchelpüree
- Fenchelgrün

SPAGHETTI-HALBKUGELN
› Eine Metallhalbkugel mit einem Durchmesser von 5 cm ausbuttern und von unten nach oben spiralförmig mit den Spaghetti auslegen. Etwas Farce einstreichen, eine Jakobsmuschel einsetzen und nochmals Farce einfüllen. Glatt streichen, die Halbkugeln gut verschließen und etwa 20 Minuten bei 70 °C pochieren. Gegarte Halbkugel vorsichtig über die Seite aus der Form drehen.

SPINAT › Spinat mit Schalotten und Knoblauch in Butter anschwenken, kurz ausdrücken und mit Salz, Pfeffer und Muskat würzen.

ZITRONENGRASSCHAUM › Alle Zutaten miteinander aufkochen, etwa 20 Minuten ziehen lassen. Abpassieren und mit Salz und Cayennepfeffer würzen. Mit etwas kalter Butter montieren.

FERTIGSTELLUNG › Einen Spinatsockel im Durchmesser der Spaghetti-Halbkugel auf einem Teller anrichten. Etwas Zitronengrasschaum angießen und mit Fenchelpüree und etwas Fenchelgrün garnieren.

PULPO IM KÜRBISKLEID

mit Röstzwiebeljus

FÜR 20 PORTIONEN

› 600 g Muskatkürbis
› 20 Stücke vom gegarten Pulpo à 20-40 g
› 3 Eiweiß
› Öl
› 200 ml Kalbsglace
› 200 ml Schmorbratensauce
› 150 g gehackte Röstzwiebeln

Kürbis mit einer Gemüsespaghettimaschine zu langen Fäden verarbeiten. Pulpostücke fest mit den Fäden einwickeln und mit etwas Eiweiß fixieren. Die eingewickelten Stücke in Öl bei 180 °C kurz backen und bis zum Servieren bei 55 °C warm stellen. Beide Saucen stark einkochen und die Röstzwiebeln zugeben. Eine breite Saucenlinie auf den Teller geben und die gebackenen Pulpostücke darauf anrichten.

MEERÄSCHE MIT KARTOFFELPÜREE UND BLUMENKOHL

FÜR 20 PORTIONEN

MEERÄSCHE
- Olivenöl
- Butter
- 2 Ingwerscheiben
- 1 Zitronengrasstängel
- 2 Thymianzweige
- 1 halbierte Chilischote
- 20 Stücke vom geschuppten Meeräschenfilet à 80 g

KARTOFFELPÜREE
- 400 g gedämpfte Salzkartoffeln
- 50 ml Sahne
- 50 ml Milch
- 120 g Butter
- Muskat

FERTIGSTELLUNG
- 300 g rohe Blumenkohlröschen
- Haselnussöl
- Maldon Sea Salt

MEERÄSCHE › Olivenöl mit Butter, Ingwer, Zitronengras, Thymian und Chilischote in eine beschichtete Pfanne geben und erhitzen. Filets auf der Hautseite in die Pfanne legen und kurz, aber scharf anbraten. Anschließend wenden und mehrmals mit der Bratflüssigkeit übergießen. Filets aus der Pfanne nehmen, auf ein Tuch legen und bei 55 °C bis zum Servieren warm stellen.

KARTOFFELPÜREE › Salzkartoffeln durchdrücken, dann Sahne und Milch heiß unterrühren. Schrittweise die kalte Butter unterschlagen. Mit Salz und Muskat abschmecken.

FERTIGSTELLUNG › Die Blumenkohlröschen kurz in 170 °C heißem Haselnussöl rösten. Fischfilet auf einem Teller anrichten und mit Maldon Sea Salt und Pfeffer würzen. Das Kartoffelpüree in kleinen Punkten aufbringen und die Blumenkohlröschen daraufsetzen.

HERINGSTATAR

mit Rote-Bete-Relish und Zwiebelcreme

FÜR 20 GLÄSER

HERINGSTATAR
- 400 g Heringsfilet aus dem Fass
- Milch
- 120 g gewürfelte Salatgurke
- 80 g gewürfelter Staudensellerie
- 60 g Dill und Kerbel, gemischt und gehackt
- 80 g Apfelmus

ROTE-BETE-RELISH
- 200 g Rote Bete, gekocht und gewürfelt
- 80 g Äpfel, geschält und gewürfelt
- 15 g geriebener Ingwer
- 10 g Meerrettich
- 40 ml Crème de Cassis
- 20 ml Rotweinessig
- gemahlener Kümmel

ZWIEBELCREME
- 160 g gewürfelte Zwiebeln
- 20 g Butter
- 1 TL Puderzucker
- weißer Balsamico
- 120 ml Riesling
- 60 g Crème fraîche
- 160 ml Sahne
- Salz
- Tabasco

FERTIGSTELLUNG
- 1 Msp. Lecithin

HERINGSTATAR › Für einen milderen Geschmack, Heringsfilets etwa 30 Minuten in Milch einlegen. Anschließend fein würfeln und mit Gurkenwürfeln, Selleriewürfeln, Dill- und Kerbelmischung sowie Apfelmus mischen. Mit wenig Salz und Pfeffer abschmecken.

ROTE-BETE-RELISH › Rote Bete und Apfelwürfel vermengen, Ingwer, Meerrettich, Crème de Cassis und Rotweinessig zugeben, dann mit Salz, Pfeffer und gemahlenem Kümmel abschmecken.

ZWIEBELCREME › Zwiebelwürfel leicht in Butter und Puderzucker karamellisieren, mit einem Schuss Balsamico ablöschen, dann mit Riesling, Creme fraîche und Sahne auffüllen. Kurz kochen lassen und anschließend mixen. Mit Salz und Tabasco abschmecken.

FERTIGSTELLUNG › Heringstatar als unterste Schicht in ein Glas füllen und glatt streichen. Darauf das Relish geben. Kurz vor dem Servieren die Zwiebelcreme mit Lecithin aufschäumen und als Abschluss auf das Relish setzen.

FISCHEINTOPF IN DER KARTOFFEL

FÜR 20 PORTIONEN

- 10 mittelgroße Pellkartoffeln
- 120 ml Fischfond
- 60 g Crème fraîche
- 80 ml Sahne
- 1 Msp. Safran
- Noilly Prat
- Limonensaft
- 400 g verschiedene Fischfilets (z.B. Zander, Saibling, Forelle), gewürfelt
- 100 g feine Gemüsewürfel (z.B. Lauch, Karotte, Sellerie)
- Dillspitzen

Gekochte Kartoffeln halbieren, leicht aushöhlen und unten abflachen. Vor dem Servieren erwärmen. Fischfond, Crème fraîche und Sahne aufkochen, Safran und einen Schuss Noilly Prat zugeben, dann mit Salz, Pfeffer sowie einem Spritzer Limonensaft gut abschmecken. Fischfilet- und Gemüsewürfel zugeben und einige Minuten ziehen lassen. Die Würfel in die ausgehöhlten Kartoffeln geben. Die Sauce passieren und aufmixen, anschließend angießen und mit Dillspitzen garnieren.

ST.-PIERRE-FILET

auf Mandarinensellerie und Mandelgelee

FÜR 30 PORTIONEN

ST.-PIERRE-FILETS
› 900 g St.-Pierre-Filets (2,5 cm x 2,5 cm)
› Olivenöl
› 450 g Staudensellerie, geputzt und geschnitten
› 40 ml Pernod
› 100 ml Fischfond
› 1 Msp. Kurkuma
› 300 g gewürfelte Mandarinenfilets
› Cayennepfeffer

MANDELMILCHGELEE
› 120 g Mandelkerne
› 300 ml Milch (3,8 %)
› 6 Tropfen Bittermandelöl
› 4 g Agar-Agar

FERTIGSTELLUNG
› Maldon Sea Salt
› Staudensellerieblättchen
› Dill

ST.-PIERRE-FILETS › Filets in Stücke schneiden, in Olivenöl kurz, aber stark anbraten und bei 50 °C warm stellen. Selleriestücke anschwitzen, mit Pernod ablöschen, dann Fischfond und Kurkuma zugeben. Vor dem Anrichten Mandarinen zugeben und mit Salz und Cayennepfeffer pikant abschmecken.

MANDELMILCHGELEE › Mandelkerne einige Stunden in der Milch ziehen lassen, Bittermandelöl zugeben und mixen. Agar-Agar zugeben, in eine flache Form passieren und fest werden lassen. Anschließend in Würfel schneiden.

FERTIGSTELLUNG › Fischstücke mit Maldon Sea Salt und Pfeffer würzen und mit Sellerie-Mandarinen-Gemüse anrichten. Warme Geleewürfel anlegen und mit Sellerieblättchen und Dill garnieren.

SAIBLINGSFILET

im Kartoffel-Apfel-Mantel

FÜR 30 PORTIONEN

- 10 Saiblingsfilets à 200 g
- 160 g Fischfarce
- 15 g frischer Meerrettich
- 4 Äpfel mit roter Schale
- 4 mittelgroße Kartoffeln mit Schale
- geklärte Butter
- 150 g geröstete Sonnenblumenkerne

Filets der Länge nach halbieren und rundlich zuschneiden. Die parierten Filets leicht salzen. Fischfarce mit Meerrettich vermischen und dünn auf die Filets streichen. Äpfel und Kartoffeln roh und mit Schale auf der Maschine dünn aufschneiden, je nach Größe halbieren und abwechselnd um die eingestrichenen Filets legen.

Den Überschuss abschneiden und die Scheiben festdrücken. Mit geklärter Butter einstreichen und leicht salzen. Bei 72 °C 5 Minuten dämpfen. Die Enden begradigen, auf einem Teller anrichten, dann die gerösteten Sonnenblumenkerne aufstreuen.

STEINBUTT-CORDON-BLEU

mit Serano-Mozzarella-Füllung

FÜR 20 PORTIONEN

- 600 g Steinbuttfilet
- 200 g Büffel-Mozzarella
- 10 Scheiben Seranoschinken
- Mehl
- Ei
- Mie de pain
- Öl
- Butter
- Zitronenfilets
- Crème fraîche (abgeschmeckt mit Senf, Zitronensaft, Gewürzen und Dill)

Filets leicht plattieren, mit Salz und Pfeffer würzen. Büffelmozzarella in Scheiben schneiden, diese mit Seranoschinken umwickeln. Eine Hälfte der Filets mit den Scheiben belegen, die andere Hälfte darüber klappen und gut festdrücken. Anschließend mit Mehl, Ei und Mie de pain panieren und in einer beschichteten Pfanne in reichlich Öl ausbacken. Kurz vor dem Servieren die Butter in eine Pfanne geben, aufschäumen lassen und das Cordon Bleu mehrmals damit übergießen. In Tranchen schneiden und mit Zitronenfiletsegmenten und abgeschmeckter Crème fraîche anrichten.

MAKRELEN-GURKEN-SPIESS

mit Pumpernickel

FÜR 30 SPIESSE

› 30 Makrelenfiletstücke à 20-30 g
› Mehl
› Distelöl
› Limonensaft
› 60 entkernte Gurkenscheibenhälften
› Butter
› Cayennepfeffer
› 500 g Pumpernickel
› je 1 EL gehackter Dill, Petersilie und Kerbel

Filetstücke mit Salz und Pfeffer würzen und etwas einziehen lassen. Dann leicht mehlieren und in Distelöl anbraten, bis sie gut Farbe genommen haben und mit Limonensaft beträufeln. Gurkenhälften leicht in Butter andünsten und mit Salz, Zucker sowie Cayennepfeffer abschmecken. Pumpernickel kurz im Ofen trocknen und anschließend zu Sand zerbröseln. Diesen „Sand" auf einen Teller streuen. Gurkenhälften kurz durch die Kräuter ziehen, abwechselnd mit den Makrelenstücken auf Spieße stecken und auf den „Pumpernickelsand" legen.

FLEISCH

---

ein Biss(chen)
Hauptgang

LAMM IN BÄRLAUCHKRUSTE

mit Tomatenpüree und Pesto

FÜR 20 PORTIONEN

LAMMRÜCKEN
- 800 g parierter Lammrücken
- 100 g Bärlauch
- 100 g Mie de pain
- 80 g geriebener Parmesan

TOMATENPÜREE
- 1 klein geschnittene Schalotte
- Olivenöl
- 1 EL Zucker
- 800 g geschälte Tomaten
- 250 g Tomatenfleisch
- 2 angedrückte Knoblauchzehen
- 2 Basilikumstängel
- 1 EL Püreepulver

FERTIGSTELLUNG
- 100 g grünes Pesto

LAMMRÜCKEN › Lammrücken mit Salz und Pfeffer würzen und gleichmäßig anbraten. Bei etwa 140 °C 6-8 Minuten im Ofen weiter garen, anschließend ruhen lassen. Bärlauch frittieren, trocken tupfen und abrebeln. Mit Mie de pain kuttern und den Parmesan zugeben. Bis zum Anrichten zur Seite stellen.

TOMATENPÜREE › Schalotte in Olivenöl anschwitzen, Zucker, geschälte Tomaten, Tomatenfleisch Knoblauch und Basilikum zugeben und unter ständigem Rühren zu Püree einkochen. Anschließend passieren und mit Salz und Pfeffer abschmecken, bei Bedarf die Konsistenz mit Püreepulver optimieren.

FERTIGSTELLUNG › Mie-de-pain-Parmesanmischung auf den Lammrücken geben und unter dem Salamander gratinieren. Dann vorsichtig tranchieren und in Stücke schneiden. Etwas Tomatenpüree auf den Teller geben und die Stücke daraufsetzen. Mit Pestotupfen garnieren.

LAMMFILET IM PAPRIKAMANTEL

auf Rosmarinpolenta

FÜR 20 PORTIONEN

LAMMFILET
- 10 Lammfilets à 80-100 g
- Olivenöl
- Butter
- 1 Rosmarinzweig
- 1 angedrückte Knoblauchzehe
- 10 rote Spitzpaprika
- 200 g Lammfarce

ROSMARINPOLENTA
- 50 g Maisgrieß
- 300 ml Gemüsebrühe
- 30 g geriebener Parmesan
- 20 g fein geschnittener Rosmarin
- Muskat
- Kurkuma
- Zitronenabrieb

FERTIGSTELLUNG
- Rosmarinspitzen

LAMMFILET › Lammfilets in Olivenöl und Butter mit Rosmarin sowie Knoblauch kurz von allen Seiten anbraten, anschließend abkühlen. Spitzpaprika putzen, frittieren und abziehen. Abgezogene Paprika auf einer Klarsichtfolie zu einem Rechteck legen und mit Farce bestreichen. Je ein mit Salz und Pfeffer gewürztes Filet auflegen, dann straff zusammenrollen. Anschließend in Alufolie wickeln und fest eindrehen. Filets bei 56 °C etwa 25 Minuten im Wasserbad garen.

ROSMARINPOLENTA › Maisgrieß und Gemüsebrühe in einem Topf zum Quellen bringen. Sobald die Polenta die gewünschte Konsistenz erreicht hat, Parmesan und Rosmarin zugeben, dann mit Muskat, Salz, Pfeffer, Kurkuma und Zitronenabrieb abschmecken.

FERTIGSTELLUNG › Filetrollen aus der Folie nehmen, portionieren und anrichten. Polenta auf den Teller tupfen und mit Rosmarinspitzen garnieren.

KALBSLEBERSPIESS

mit Bries

FÜR 20 SPIESSE

› 4-5 Thymianzweige
› 6-8 angedrückte Wacholderbeeren
› Schale von je ½ Orange und Zitrone
› 4 Scheiben Ingwer
› Sonnenblumenöl
› 2 Scheiben sauber geputzte Kalbsleber (3 cm dick)
› Butter
› Portwein
› 400 g pochiertes und geputztes Kalbsbries (40 Röschen)
› Mehl
› Ei
› Mie de pain
› gehackte Kräuter

Aromate mit Sonnenblumenöl in eine Pfanne geben, mehlierte Kalbsleberscheiben einlegen und auf beiden Seiten anbraten. Butter zugeben, mit einem Schuss Portwein ablöschen, mehrmals übergießen und im Rohr gar ziehen lassen. Briesröschen mit Mehl, Ei und Mie de pain panieren, dann in Öl ausbacken. Zum Anrichten die Leber mit Salz und Pfeffer würzen, in Würfel schneiden und abwechselnd mit dem Bries auf einen Spieß stecken. Mit gehackten Kräutern dekorieren.

FLEISCH ein Biss(chen) Hauptgang

KALBSPFLANZERL MIT SPIEGELEI

und Kartoffel-Spinat-Creme

FÜR 30 PORTIONEN

KALBSPFLANZERL
› 400 g gewolfte Kalbskeule
› 150 g eingeweichtes Brötchen
› 80 g feine Gemüsewürfel
› 1 EL gehackte Petersilie
› 1 EL fein geschnittener Schnittlauch
› 1 Ei
› 3 Eigelb
› 1 TL mittelscharfer Senf
› 1 Msp. Zitronenabrieb
› Muskat

KARTOFFEL-SPINAT-CREME
› 200 g Spinat
› 3 fein geschnittene Schalotten
› 1 fein geschnittene Knoblauchzehe
› 80 ml Sahne
› 60 g Crème fraîche
› 300 g gedämpfte Kartoffeln
› 40 g Butter
› Muskat

FERTIGSTELLUNG
› 30 Wachteleier

KALBSPFLANZERL › Kalbfleisch mit Brötchen, Gemüsewürfeln, Petersilie, Schnittlauch und Ei-Eigelbmischung vermengen. Senf und Zitronenabrieb zugeben, dann mit Salz, Pfeffer und Muskat abschmecken. Die fertige Masse zu etwa 20 g schweren Bällchen formen und leicht flach drücken. Auf beiden Seiten kurz anbraten und fertig garziehen lassen.

KARTOFFEL-SPINAT-CREME › Spinat und Schalotten mit Knoblauch in Butter anschwenken, ausdrücken und im Thermomix mit Sahne und Crème fraîche fein mixen. Schrittweise die Kartoffeln zugeben. Zum Schluss die 40 g Butter untermixen und mit Salz, Pfeffer und Muskat abschmecken.

FERTIGSTELLUNG › Wachteleier braten und das Eigelb ausstechen. Kalbspflanzerl anrichten und je ein Eigelb daraufsetzen. Einen Tupfen Kartoffel-Spinat-Creme danebensetzen.

KALBSSCHWANZRAGOUT

mit Selleriepüree und Lauch

FÜR 30 PORTIONEN

KALBSSCHWANZRAGOUT
- 3 kg in Stücke geschnittener Kalbsschwanz
- 400 g grob geschnittenes Wurzelgemüse
- 200 g grob geschnittene Zwiebeln
- 250 g geschälte Tomaten
- 1 EL Tomatenmark
- 800 ml Rotwein
- 6 Thymianzweige
- 2 Petersilienstängel
- 3 angedrückte Knoblauchzehen
- 10 angedrückte Wacholderbeeren
- 15 Pfefferkörner
- 3 Lorbeerblätter
- 5 Nelken
- 300 ml Portwein
- 300 g blanchierte Gemüsewürfel
- 2 EL gehackte Kräuter

SELLERIEPÜREE
- 200 g Sellerie, geschält und gewürfelt
- 80 ml Sahne
- 30 g Butter
- 1 EL Crème fraîche
- Muskat

FERTIGSTELLUNG
- 200 g feine Lauchstreifen
- Öl

KALBSSCHWANZRAGOUT
› Kalbsschwanzstücke von allen Seiten in einem Schmortopf gut anbraten. Wurzelgemüse und Zwiebeln zugeben, ebenfalls gut anrösten. Geschälte Tomaten und Tomatenmark zugeben und mitrösten. In mehreren Schritten mit dem Rotwein ablöschen, dann mit Wasser auffüllen, bis alle Zutaten bedeckt sind. Kurz aufkochen und abschäumen. Thymian, Petersilie, Knoblauch, Wacholderbeeren, Pfefferkörner, Lorbeerblätter und Nelken zugeben, gut salzen. Etwa 2-3 Stunden köcheln lassen, dabei immer wieder abschäumen. Wenn sich das Fleisch leicht vom Knochen löst, den Kalbsschwanz aus der Sauce nehmen. Fleisch ablösen und separat aufbewahren. Dabei darauf achten, dass keine Knorpel im Fleisch verbleiben. Die restliche Sauce durch ein feines Sieb gießen, Portwein zugeben und kräftig einkochen. Die eingekochte Sauce nochmals passieren, dann mit Salz und Pfeffer abschmecken. Fleisch, Gemüsewürfel und Kräuter unter die Sauce ziehen.

SELLERIEPÜREE › Selleriewürfel in der Sahne weich kochen und mit Butter und Crème fraîche mixen. Durch ein Sieb streichen und mit Salz und Muskat abschmecken.

FERTIGSTELLUNG › Lauchstreifen in mehreren Schritten in Öl frittieren, dann mit Salz würzen. Ragout in Schälchen anrichten, etwas Püree daraufsetzen und den gewürzten Lauch anlegen.

KALBSSCHWANZKRAPFEN

auf Kartoffel-Schnittlauch-Püree

FÜR 30 PORTIONEN

KALBSSCHWANZKRAPFEN
- 3 kg in Stücke geschnittener Kalbsschwanz
- 400 g grob geschnittenes Wurzelgemüse
- 200 g grob geschnittene Zwiebeln
- 250 g geschälte Tomaten
- 1 EL Tomatenmark
- 800 ml Rotwein
- 6 Thymianzweige
- 2 Petersilienstängel
- 3 angedrückte Knoblauchzehen
- 10 angedrückte Wacholderbeeren
- 15 Pfefferkörner
- 3 Lorbeerblätter
- 5 Nelken
- 300 ml Portwein
- 4 g Agar-Agar
- Mehl
- Ei
- Mie de pain
- Öl

KARTOFFEL-SCHNITTLAUCH-PÜREE
- 80 ml Sahne
- 400 g Kartoffeln, gekocht und passiert
- 1 EL Crème fraîche
- 80 g Nussbutter
- weißer Pfeffer
- Muskat
- 40 g klein geschnittener Schnittlauch

FERTIGSTELLUNG
- Schnittlauchhalme

KALBSSCHWANZKRAPFEN
› Kalbsschwanzstücke von allen Seiten in einem Schmortopf gut anbraten. Wurzelgemüse und Zwiebeln zugeben, ebenfalls gut anrösten. Geschälte Tomaten und Tomatenmark zugeben und mitrösten. In mehreren Schritten mit dem Rotwein ablöschen, dann mit Wasser auffüllen, bis alle Zutaten bedeckt sind. Kurz aufkochen und abschäumen. Thymian, Petersilie, Knoblauch, Wacholderbeeren, Pfefferkörner, Lorbeerblätter und Nelken zugeben, gut salzen. Etwa 2-3 Stunden köcheln lassen, dabei immer wieder abschäumen. Wenn sich das Fleisch leicht vom Knochen löst, den Kalbsschwanz aus der Sauce nehmen. Fleisch ablösen und separat aufbewahren. Dabei darauf achten, dass keine Knorpel im Fleisch verbleiben. Die Sauce durch ein Sieb gießen, den Portwein zugeben und kräftig einkochen. Agar-Agar zugeben, kurz durchkochen und durch ein feines Sieb passieren. Das Fleisch zugeben und mit Salz und Pfeffer abschmecken. In ein flaches, etwa 3 cm hohes Gefäß füllen und einige Stunden kalt stellen. Sobald die Masse geliert hat, in gleichmäßige Würfel schneiden. Dann mit Mehl, Ei und Mie de pain panieren und in 170 °C heißem Öl ausbacken. Die fertigen Krapfen auf ein Tuch geben und bei 60 °C warm stellen.

KARTOFFEL-SCHNITTLAUCH-PÜREE › Sahne erhitzen und Kartoffeln einrühren. Crème fraîche zugeben und die Nussbutter unterschlagen. Mit Salz, weißem Pfeffer und Muskat abschmecken, abschließend den Schnittlauch einstreuen.

FERTIGSTELLUNG › Etwas Püree anrichten und je einen Kalbsschwanzkrapfen daraufsetzen. Mit einem Schnittlauchhalm garnieren.

HIRSCHSCHULTER

mit Essigzwetschgen und Gewürzbrotcroûtons

FÜR 30 PORTIONEN

HIRSCHSCHULTER
- 1,5 kg Hirschschulter
- 200 g Röstgemüse
- 200 g Zwiebeln
- 1 EL Tomatenmark
- 750 ml Rotwein
- 15 Pfefferkörner
- 10 angedrückte Wacholderbeeren
- 6 Thymianzweige
- 3 Rosmarinzweige
- 300 ml Holundersaft
- 100 g Johannisbeergelee

ESSIGZWETSCHGEN
- 60 ml Pflaumensaft
- 80 ml Weißwein
- 40 ml Pflaumenessig
- 40 ml Zwetschgengeist
- 10 in Spalten geschnittene Zwetschgen

FERTIGSTELLUNG
- 10 Scheiben Gewürzbrot
- Nussbutter
- Rosmarin

HIRSCHSCHULTER › Schulterstück in einem Topf rundherum gut anbraten, aus dem Topf nehmen und zur Seite stellen. Röstgemüse und Zwiebeln in den Topf geben und anrösten. Tomatenmark zugeben und mitrösten. Mit dem Rotwein ablöschen und einkochen. Pfefferkörner, Wacholderbeeren, Thymian und Rosmarin zugeben, außerdem Holundersaft und Johannisbeergelee. Nochmals einkochen. Anschließend abkühlen lassen, mit der Schulter vakuumieren und bei 62 °C 5-6 Stunden garen. Nach dem Garen die Sauce passieren, nochmals einkochen und mit Salz und Pfeffer abschmecken.

ESSIGZWETSCHGEN › Pflaumensaft mit Weißwein zur Hälfte einkochen, Pflaumenessig und Zwetschgengeist zugeben, zum Schluss die Zwetschgenspalten einlegen und kurz ziehen lassen.

FERTIGSTELLUNG › Gewürzbrotscheiben in Rechtecke schneiden, dann in Nussbutter knusprig braten. Schulter in etwas kleinere Rechtecke schneiden und kurz in der Sauce ziehen lassen. Dann auf die Brotscheiben setzen. Zwetschgen anlegen und mit etwas Sauce sowie Zwetschgenfond begießen. Mit Rosmarin garnieren.

ENTENBRUSTROULADE

mit Stopfleber und Feigentarte

FÜR 30 PORTIONEN

ENTENBRUSTROULADE
- 5 Entenbrüste à 250 g
- 200 g blanchierte Spinatblätter
- 200 g Geflügelfarce
- 300 g in Stücke geschnittenes Entenstopfleberparfait

FEIGENTARTE
- 180 g Mehl
- 80 g Butter
- 1 Ei
- 1 EL Zucker
- 2 EL Magerquark
- Zitronenabrieb
- 200 g getrocknete Feigen, klein geschnitten
- 8 frische Feigen, in dünne Scheiben geschnitten

FERTIGSTELLUNG
- 150 ml Entenjus

ENTENBRUSTROULADE › Haut von den Brüsten entfernen und die Brüste der Länge nach halbieren, sodass zwei schnitzelartige Scheiben entstehen. Diese etwas plattieren, mit Salz und Pfeffer würzen und mit Spinatblättern belegen. Farce dünn aufstreichen, Stopfleberparfaitstücke auflegen und einrollen. Rolle erst in Klarsicht-, dann in Alufolie wickeln. Bei 56 °C im Wasserbad etwa 30 Minuten pochieren.

FEIGENTARTE › Einen Teig aus Mehl, Butter, Ei, Zucker, Magerquark, einer Prise Salz und Zitronenabrieb herstellen und etwa 1 Stunde ruhen lassen. Diesen anschließend teilen, ausrollen und in zwei ausgebutterte Ringe mit 14 cm Durchmesser einlegen. Getrocknete Feigen auflegen, glatt drücken, dann die frischen Feigenscheiben darauflegen. Die Tarte etwa 20 Minuten bei 180 °C backen.

FERTIGSTELLUNG › Rouladen aus der Folie nehmen, mit Jus bestreichen und portionieren. Tarte etwas auskühlen lassen, in kleine Stücke schneiden. Diese neben der Roulade anrichten und mit Jus-Tupfen garnieren.

INGWER-HONIG-ENTE

auf Glasnudelsalat

FÜR 10 PORTIONEN

ENTENBRUST
› 2 sauber zugeputzte Barbarie-Entenbrüste
› Paprikapulver
› 2 EL Tannenhonig
› 1 EL fein geriebener Ingwer

GLASNUDELSALAT
› 200 g Glasnudeln
› Reisessig
› 200 g rohe, feine Gemüsestreifen (Karotte, Lauch, Paprika gelb und rot)
› Sesamöl
› Tabasco

FERTIGSTELLUNG
› Erbsensprossen

ENTENBRUST › Entenbrüste auf der Hautseite einschneiden und mit Salz, Pfeffer und Paprika würzen. In einer Eisenpfanne ebenfalls auf der Hautseite gut anbraten, wenden und bei 140 °C etwa 6 Minuten ins Backrohr geben. Anschließend ruhen lassen und vor dem Anrichten mit dem Honig-Ingwer-Gemisch auf der Hautseite einstreichen und die Haut unter dem Salamander nochmals rösten.

GLASNUDELSALAT › Glasnudeln in heißem Wasser mit einem guten Schuss Reisessig garen, sodass sie noch Biss haben. Anschließend abspülen, abtrocknen und mit den Gemüsestreifen vermischen. Vor dem Anrichten den Glasnudelsalat erwärmen und mit Sesamöl, nach Belieben etwas Reisessig, Salz und Tabasco abschmecken.

FERTIGSTELLUNG › Entenbrust in lange Scheiben schneiden und um den lauwarmen Glasnudelsalat legen. Mit den Erbsensprossen garnieren.

ENTENBRUST

mit karamellisierter Karotte

20 PORTIONEN

› 20 mittelgroße Fingerkarotten
› 2 EL brauner Zucker
› 100 ml Karottensaft
› 100 ml Gemüsefond
› 50 ml weißer Balsamico
› Tabasco
› Vanillezucker
› Limonenabrieb
› 2 sauber zugeputzte Entenbrüste
› 100 ml Entenjus

Karotten schälen und gleich groß zuschneiden. Zucker in einem Topf karamellisieren, mit Karottensaft ablöschen und mit Gemüsefond aufgießen. Weißen Balsamico zugeben und aufkochen lassen. Karotten einlegen und leicht köcheln lassen. Bevor die Karotten weich sind, mit Salz, Tabasco, Vanillezucker und Limonenabrieb abschmecken. Gegarte Karotten zur Seite stellen und den Fond sirupartig einkochen lassen. Entenbrüste auf der Hautseite einschneiden, salzen und auf der gleichen Seite gut anbraten, dann wenden und bei 150 °C etwa 5-7 Minuten garen. Anschließend ruhen lassen und in Würfel schneiden. Zum Anrichten Entenwürfel und Karottenstücke arrangieren und etwas eingekochten Fond sowie Entenjus angießen.

ENTENKRAPFEN

mit Curry-Mais-Creme und Ananas

FÜR 30 PORTIONEN

ENTENKRAPFEN
- 6 Entenkeulen
- 200 g klein geschnittenes Röstgemüse
- 2 klein geschnittene Tomaten
- 400 ml fruchtiger Rotwein
- 4 Thymianzweige
- 2 Rosmarinzweige
- 10 Pfefferkörner
- 5 angedrückte Wacholderbeeren
- 200 ml Portwein
- 4 g Agar-Agar
- Mehl
- Ei
- Mie de pain
- Öl

CURRY-MAIS-CREME
- 100 g Maisgrieß
- 40 g Butter
- 250 ml Gemüsefond
- 2 Lorbeerblätter
- 2 Thymianzweige
- 1 klein geschnittene Knoblauchzehe
- 2 TL gelbe Currypaste
- 1 TL Kurkuma
- 100 ml Sahne
- 60 g geriebener Parmesan
- Muskat

ANANASWÜRFEL
- 30 Ananaswürfel (3 cm x 3 cm)
- Limonenöl
- 2 EL Honig
- Mark von 2 Vanilleschoten

FERTIGSTELLUNG
- getrocknete Vanilleschotenstreifen

ENTENKRAPFEN › Entenkeulen in einem gusseisernen Topf anbraten, Röstgemüse und Tomaten zugeben und alles gut Farbe nehmen lassen. Schrittweise mit Rotwein ablöschen. Salz, Thymian, Rosmarin, Pfefferkörner und Wacholderbeeren zugeben. Mit Wasser auffüllen, bis die Keulen bedeckt sind. Bei geschlossenem Deckel und 150 °C etwa 1 Stunde schmoren lassen. Die Keulen aus dem Fond nehmen, von Haut und Knochen befreien und das reine Fleisch aufbewahren. Den Fond stark einkochen lassen, Portwein erwärmen, Agar-Agar zugeben, leicht köcheln lassen, dann zum Fond geben. Den Fond passieren, zum Fleisch geben und in eine rechteckige Form füllen, erkalten lassen. Anschließend in Würfel schneiden, mit Mehl, Ei und Mie de pain panieren und in Öl ausbacken.

CURRY-MAIS-CREME › Maisgrieß in Butter anschwitzen, schrittweise mit Gemüsefond auffüllen, Lorbeerblätter, Thymian und Knoblauch zugeben, dann den Grieß quellen lassen. Currypaste, Kurkuma und Sahne zugeben, kurz mitköcheln lassen und passieren. Vor dem Anrichten Parmesan zugeben und mit Salz und Muskat abschmecken.

ANANASWÜRFEL › Ananaswürfel in Limonenöl anbraten, Honig mit Vanillemark zugeben und die Würfel leicht karamellisieren.

FERTIGSTELLUNG › Etwas Maiscreme auf einem Teller anrichten, darauf den Entenkrapfen setzen. Getrocknete Schotenstreifen durch die Ananaswürfel stecken und daneben anrichten.

GETRÜFFELTE PERLHUHNBRUST

mit Kartoffelbaumkuchen und Erbsencreme

FÜR 20 PORTIONEN

PERLHUHNBRUST
› 4 Perlhuhnbrüste
› 60 g fein gewürfelter schwarzer Trüffel
› 40 ml Madeira
› 300 g Geflügelfarce
› 2 Thymianzweige
› 1 Rosmarinzweig
› 4 angedrückte Wacholderbeeren

KARTOFFELBAUMKUCHEN
› 250 g durchgedrückte gekochte Kartoffeln
› 60 ml Nussbutter
› 3 Eigelb
› 60 g Crème fraîche
› 30 g Mehl
› 60 g Kartoffelstärke
› Muskat
› 3 Eiweiß
› Butter

ERBSENCREME
› 300 g TK-Erbsen
› 2 fein geschnittene Schalotten
› Butter
› 120 ml Sahne
› 60 g Crème fraîche
› Tabasco
› Muskat
› 2 EL Püreepulver

PERLHUHNBRUST › Perlhuhnbrüste würzen und die Haut etwas lösen. Trüffel und Madeira mit der Geflügelfarce vermengen und mit Salz und Pfeffer abschmecken. Farce mithilfe eines Dressiersacks mit Lochtülle unter die Haut spritzen. Brüste mit Aromaten auf der Hautseite gut anbraten, wenden und anschließend im Hold-o-maten bei 75 °C gar ziehen lassen. Beim Portionieren darauf achten, dass die Haut nicht reißt.

KARTOFFELBAUMKUCHEN
› Gekochte Kartoffeln mit Nussbutter, Eigelb, Crème fraîche, Mehl und Kartoffelstärke zu einer Masse verrühren und mit Salz, Pfeffer und Muskat abschmecken. Masse durch ein feines Sieb streichen und kurz vor dem Backen das geschlagene Eiweiß unterziehen. Einen 1/3 GN-Behälter mit 5 cm Höhe mit Butter einfetten und die erste Schicht der Kartoffelmasse in einer Stärke von 2 mm mithilfe einer Winkelpalette einstreichen. Diese Schicht unter dem Salamander Farbe nehmen lassen, den Vorgang wiederholen, bis die Masse aufgebraucht ist.

ERBSENCREME › Erbsen und Schalotten in Butter anschwitzen, Sahne und Crème fraîche zugeben, kurz köcheln lassen und mit Salz, Zucker, Tabasco und Muskat abschmecken. Anschließend mixen und passieren. Die Konsistenz nach Bedarf mit Püreepulver anpassen.

FERTIGSTELLUNG › Kreise aus Kartoffelbaumkuchen ausstechen und neben der portionierten Perlhuhnbrust anrichten. Die Creme mithilfe eines Dressiersacks in Streifen aufbringen.

WIENER BACKHENDL

mit Kartoffel-Gurken-Salat

FÜR 30 PORTIONEN

› 600 g Hähnchenkeulenfleisch ohne Haut und Knochen
› Paprika
› Mehl
› Ei
› Mie de pain
› Öl
› 60 ml Weißweinessig
› 140 ml Sonnenblumenöl
› je 3 EL fein geschnittene Schalotten, Radieschen und Schnittlauch
› 90 Scheiben von der gekochten Kartoffel (Ø 3 cm)
› 60 Salatgurkenscheiben (Ø 3 cm)

Hähnchenfleisch grob würfeln und mit Salz, Pfeffer und Paprika würzen. Je 20 g zuerst in Klarsicht-, dann in Alufolie zu Kugeln eindrehen. Diese bei 64 °C etwa 40 Minuten im Wasserbad garen. Anschließend auskühlen lassen, mit Mehl, Ei und Mie de pain panieren und in Öl ausbacken. Aus Weißweinessig und Sonnenblumenöl eine Vinaigrette herstellen, diese mit Salz, Pfeffer und Zucker abschmecken, dann Schalotten, Radieschen und Schnittlauch zugeben. Kartoffel- und Gurkenscheiben einlegen und etwa 1 Stunde in der Vinaigrette ziehen lassen. Ausgebackene Hähnchenbällchen mit je einem Spieß versehen und mit den marinierten Kartoffel- und Gurkenscheiben anrichten.

PICHELSTEINER

Bild Seite 166

FÜR 40 PORTIONEN

› 600 g Kartoffeln, geschält und klein geschnitten
› je 200 g Romanesco, Blumenkohl, Karotten und Sellerie, geputzt und klein geschnitten
› 1,5 l Rinderkraftbrühe
› 1 kg gekochter Kalbstafelspitz
› 150 g frische Kräuter
› Muskat

Kartoffeln und klein geschnittenes Gemüse in der Rinderkraftbrühe gar ziehen lassen. Tafelspitz würfeln. Sobald Kartoffeln und Gemüse den richtigen Biss haben, Tafelspitz und Kräuter zugeben. Mit Salz, Pfeffer und Muskat abschmecken und direkt servieren.

SURF AND TURF

Bild Seite 167

FÜR 30 PORTIONEN

› 600-700 g Rinderfilet
› 5 Thymianzweige
› 3 Rosmarinzweige
› 2 Knoblauchzehen
› 1 EL Senf
› 30 Kartoffelscheiben
› Salz
› Pfeffer
› Paprikapulver
› gemahlener Kümmel
› Kumin
› Kubebenpfeffer
› Muskat
› 600 g gegartes Hummerfleisch
› 300 ml Hollandaise
› Kerbelblättchen

Rinderfilet mit Salz und Pfeffer würzen, anbraten und mit Thymian, Rosmarin, Knoblauch und Senf vakuumieren. Bei 58 °C 50 Minuten garen. Kartoffelscheiben kurz blanchieren, abtrocknen und anschließend bei 180 °C goldgelb ausbacken und mit den Gewürzen pikant abschmecken.

Zum Anrichten das Hummerfleisch im Garfond leicht erwärmen und auf Teller setzen. Ein Stück des Rinderfilets dazugeben, Kartoffelscheiben anlegen und etwas Hollandaise danebensetzen. Mit Kerbelblättchen dekorieren.

SPANFERKELBRUST

mit Rote Bete und Sauerrahm

FÜR 20 PORTIONEN

SPANFERKELBRUST
- › 700 g entbeinte Spanferkelbrust
- › 2 TL mittelscharfer Senf
- › 1 fein geschnittene Knoblauchzehe
- › Paprikapulver

ROTE BETE
- › 3-4 mittelgroße Rote-Bete-Knollen, gekocht und geschält
- › Rote-Bete-Saft
- › Traubenkernöl
- › weißer Balsamico
- › Meerrettich
- › Zucker
- › Kümmelpulver

FERTIGSTELLUNG
- › 100 g Sauerrahm
- › Kümmel

SPANFERKELBRUST › Spanferkelbrust mit Senf und Knoblauch einreiben, dann mit Salz, Pfeffer und Paprikapulver würzen. Die Brust auf ein Blech legen und mit dem Blech vakuumieren. Im Wasserbad bei 62 °C etwa 90 Minuten gar ziehen lassen. Nach dem Abkühlen die Schwarte unter dem Salamander knusprig garen. Sobald die gewünschte Farbe erreicht ist, die Brust warm stellen.

ROTE BETE › Rote Bete in gleich große Quadrate schneiden. Aus Rote-Bete-Saft, Traubenkernöl, weißem Balsamico, Meerrettich, Zucker und Kümmelpulver sowie Salz und Pfeffer eine lauwarme Vinaigrette herstellen. Die Rote-Bete-Quadrate darin einlegen und mindestens 1 Stunde ziehen lassen.

FERTIGSTELLUNG › Den Sauerrahm leicht erwärmen und mit Salz und Pfeffer abschmecken. Zum Anrichten die Brust in Würfel schneiden und je einen Würfel auf ein abgetropftes Rote-Bete-Quadrat geben. Einen Tupfen Sauerrahm auf den Teller setzen und mit etwas Kümmel abschließen.

SURHAXE VOM SPANFERKEL

mit Sauerkraut und Knödel

FÜR 30 PORTIONEN

› 10 gekochte Kartoffelknödel
› Öl
› 1 kg gekochtes Sauerkraut, abgeschmeckt
› 5 gekochte Surhaxen vom Spanferkel (Eisbein)

Ober- und Unterseite der Knödel abschneiden und mithilfe von zwei verschieden großen Ausstechern Kartoffelknödelringe herstellen. Diese jeweils mit dem inneren, kleineren Ring in Öl ausbacken. Erkalten lassen und vorsichtig vom Ring ablösen. Das Kraut erwärmen und die in Stücke geschnittene Haxe dazugeben. Zum Anrichten Knödelringe kurz erhitzen, dann Kraut und Fleisch einfüllen.

FILET VOM JUNGSCHWEIN

in Senfsud mit Wirsing und Kartoffeln

FÜR 20 PORTIONEN

- 500 ml Brühe
- 250 ml Weißwein
- 80 ml Weißweinessig
- 2 grob gewürfelte Schalotten
- 2 klein geschnittene Petersilienstängel
- 2 Lorbeerblätter
- 4 Nelken
- 6 angedrückte Wacholderbeeren
- 8 weiße Pfefferkörner
- 2 TL Senfpulver
- 3 sauber zugeputzte Filets vom Jungschwein (ohne Kopf und Spitze)
- 80 g Senfkörner
- 300 g gekochte Kartoffelwürfel
- 300 g blanchierte Wirsingstreifen
- Muskat

Brühe mit Weißwein und Essig in einen flachen Topf geben. Schalotten, Petersilie, Lorbeerblätter, Nelken, Wacholderbeeren, Pfefferkörner und Senfpulver zugeben, dann salzen. Alles aufkochen und etwa 30 Minuten ziehen lassen. Anschließend Filets einlegen und 20-25 Minuten im Sud pochieren.

Filets herausnehmen und warm stellen. Fond passieren, die Senfkörner zugeben und quellen lassen. Kartoffelwürfel und Wirsingstreifen zugeben und mit Salz und Muskat abschmecken. Die Filets portionieren und in den angerichteten Fond geben.

FLEISCH — ein Biss(chen) Hauptgang

GEBACKENE WEISSWURST

auf Kartoffel-Senf-Püree

FÜR 30 PORTIONEN

- 30 Scheiben von der Weißwurst (1,5 cm dick)
- Mehl
- Ei
- Mie de pain
- Butterschmalz
- 400 g gedämpfte Kartoffeln
- 50 ml Sahne
- 50 ml Milch
- 80 g Butter
- 60 g grober Dijon-Senf
- Muskat
- kleine Salzbrezeln (fertig gekauft oder selbst gebacken)
- Kerbel

Weißwurstscheiben mit Mehl, Ei und Mie de pain panieren, dann in reichlich Butterschmalz ausbacken. Kartoffeln durch eine Kartoffelpresse drücken, anschließend Sahne und Milch heiß unterrühren. Butter und Senf unterziehen. Mit Salz und Muskat abschmecken. Püree auf einen Löffel geben, ausgebackene Weißwurst anlegen. Die kleine Salzbrezel kann man auch selbst herstellen, dazu eignet sich am besten ein fester Strudelteig. Mit Kerbel garnieren.

BAUERNSCHMAUS

FÜR 20 EIER

› 300 g gewürfelter Krustenbraten
› 300 g gekochte Knödel oder Kartoffeln, gewürfelt
› 150 g klein geschnittene Zwiebeln
› Butterschmalz
› 100 ml Milch
› 4 Eier
› 2 fein geschnittene Knoblauchzehen
› 2 EL fein gehackte Petersilie
› Muskat
› Kümmel
› Senf
› 5 Bauchspeckscheiben

FERTIGSTELLUNG
› 20 leere Eierschalen mit sauber abgeschnittener Spitze
› 20 Wachteleier
› Kerbel

Braten mit Knödelwürfeln und Zwiebeln gut in Butterschmalz anbraten. Milch und Eier verrühren und darübergeben. Die Masse vom Herd nehmen, Knoblauch und Petersilie zugeben, mit Salz, Pfeffer, Muskat, Kümmel und Senf abschmecken. Bauchspeckscheiben knusprig braten und dünne Sticks als Garnitur zurechtschneiden.

FERTIGSTELLUNG › Die gewürzte Braten-Knödelmischung in die vorbereiteten Eierschalen abfüllen. Aus den Wachteleiern kleine Spiegeleier braten und sauber in die gefüllten Eischalen einpassen. Je einen Speckstick anstecken und mit Kerbel garnieren.

DESSERTS

cremig, knusprig, lecker

HASELNUSSCANNELLONI

mit Birnenmousse

FÜR 10 STÜCK (6 CM X 4 CM)

HASELNUSSCANNELLONI
› 4 Strudelteigblätter
› 1 Eigelb
› 100 g Haselnüsse, geröstet und gehackt

BIRNENMOUSSE
› 2 Eier
› 30 g Zucker
› 2 Blatt Gelatine
› 80 g Naturjoghurt
› 120 g Birnenmark
› 60 ml Birnengeist (sehr gute Qualität)
› 160 g geschlagene Sahne

FERTIGSTELLUNG
› Karamelldekor mit Haselnussgeschmack
› Minzblättchen
› Birnenkugeln
› dunkle Kuvertüre
› gehackte Haselnüsse

HASELNUSSCANNELLONI › Teig in Bahnen schneiden, um einen Metallring rollen und fixieren. Außen dünn mit Eigelb einstreichen und in den Nüssen wälzen. Bei 160 °C etwa 6-8 Minuten backen.

BIRNENMOUSSE › Eier und Zucker miteinander aufschlagen, eingeweichte und ausgedrückte Gelatine zugeben. Masse glatt rühren, dann Joghurt, Birnenmark und -geist unterrühren. Zum Schluss Sahne unterheben. Masse vor dem Stocken in die Cannelloni füllen.

FERTIGSTELLUNG › Cannelloni aufstellen und mit einem Karamellzuckergespinst sowie Minzblättchen dekorieren. Außerdem Birnenkugeln und dunkle Kuvertüre im Wechsel mit gehackten Haselnüssen und Birnenmousse anrichten.

APRIKOSENSCHNITTE

mit Nugatmousse

FÜR 20 PORTIONEN

APRIKOSENSCHNITTE
- 150 g Margarine
- 150 g Zucker
- 3 Eier
- 80 g Quark
- 4 Tropfen Bittermandelöl
- 1 Msp. Backpulver
- 150 g Mehl
- 8 geviertelte Aprikosen

NUGATMOUSSE
- 1 Ei
- 2 Eigelbe
- 1 EL Zucker
- 20 ml Cognac
- 40 ml Amaretto
- 40 ml Espresso
- 50 g geschmolzene Kuvertüre (70 %)
- 150 g geschmolzener Nugat
- 350 g geschlagene Sahne

FERTIGSTELLUNG
- Minzblättchen
- Pistazienhippen

APRIKOSENSCHNITTE › Margarine und Zucker in der Küchenmaschine schaumig schlagen, schrittweise die Eier zugeben, dann Quark, Bittermandelöl und Backpulver. Abschließend das Mehl unterheben. Den Teig in eine gebutterte Springform geben und die Aprikosenviertel einlegen. Bei 170 °C etwa 35 Minuten backen.

NUGATMOUSSE › Ei mit Eigelb, Zucker, Cognac, Amaretto und Espresso über dem Wasserbad schaumig schlagen. Kuvertüre sowie Nugat unterziehen und etwas abkühlen lassen. Dann vorsichtig die Sahne unterheben. Die Mousse einige Stunden abgedeckt kühl stellen.

FERTIGSTELLUNG › Eine Moussenocke abstechen und auf einen Teller setzen. Daneben ein kleines Kuchenstück. Mit frischen Minzblättchen, kleinen Moussetupfen sowie je einer Pistazienhippe dekorieren.

GRIESSFLAMMERIE
mit Brombeeren

FÜR 40 PORTIONEN

GRIESSFLAMMERIE
› 1 l Milch
› Schale von unbehandelten Zitronen und Orangen
› 1 halbierte Vanilleschote
› 4 Tropfen Bittermandelöl
› 270 g Grieß
› 60 g Butter
› 150 g Zucker
› 6 Eigelb

BROMBEEREN
› 2 EL Zucker
› 250 ml Rotwein
› 60 ml Brombeerlikör
› 100 g Himbeermark
› 80 Brombeeren

FERTIGSTELLUNG
› 140 g Zucker
› 60 g Mandeln
› Minze

GRIESSFLAMMERIE › Milch mit etwas Zitronen- und Orangenschale, Vanilleschotenhälften und Bittermandelöl aufkochen. Grieß einrühren, aufkochen und quellen lassen. Butter mit Zucker schaumig rühren, Eigelb zugeben und unter die Grießmasse ziehen. Schalen und Schote entfernen, dann die Masse in kleine Ziegelformen füllen und kalt stellen.

BROMBEEREN › Zucker karamellisieren, mit Rotwein ablöschen, Likör und Mark zugeben und etwas einkochen lassen. Vor dem servieren die Brombeeren etwa 15 Minuten im Sud ziehen lassen.

FERTIGSTELLUNG › Zucker karamellisieren, Mandeln zugeben und auf einer Silikonmatte verteilen, auskühlen lassen. Fein hacken, erneut auf eine Silikonmatte geben, bei 200 °C schmelzen und sofort Rechtecke in der Größe der Ziegelformen ausschneiden. Ausgeformten Flammerie auf einem Teller anrichten, mit Krokant belegen und die warmen Brombeeren mit etwas Sud anlegen. Mit Minzblättchen garnieren.

GEFÜLLTE DATTELN

mit weißer Mousse und Streuseln

FÜR 50 STÜCK

WEISSE SCHOKOLADENMOUSSE
- 2 Eier
- 2 Eigelb
- 2 EL Zucker
- 40 ml weißer Rum
- 40 ml weiße Crème de Cacao
- 2 Blatt Gelatine
- 350 g geschmolzene weiße Kuvertüre
- 550 g geschlagene Sahne

STREUSEL
- 150 g Mehl
- 100 g Butter
- 50 g Zucker
- Zitronenabrieb
- Bittermandelöl

FERTIGSTELLUNG
- 25 große Datteln, enthäutet und halbiert
- in Aperol eingelegte Orangenzesten
- Minzblättchen

WEISSE SCHOKOLADENMOUSSE › Eier mit Eigelb, Zucker, Rum und Crème de Cacao über dem Wasserbad schaumig schlagen. Dann eingeweichte und ausgedrückte Gelatine und anschließend die geschmolzene Kuvertüre zugeben und etwas abkühlen lassen. Geschlagene Sahne unterheben und einige Stunden abgedeckt kühl stellen.

STREUSEL › Einen Teig aus Mehl, handwarmer Butter, Zucker, etwas Zitronenabrieb und Bittermandelöl herstellen, diesen kurz kühl stellen. Anschließend auf ein mit Backpapier belegtes Backblech bröseln und bei 170 °C etwa 10-12 Minuten backen.

FERTIGSTELLUNG › Datteln innen säubern und so zuschneiden, dass sie waagrecht stehen. Mousse mithilfe eines Dressiersacks mit Lochtülle in die Datteln spritzen, Streusel daraufgeben und mit Orangenzesten und Minze garnieren.

DESSERTS — cremig, knusprig, lecker

ERDBEERRÖLLCHEN
mit Erdbeer-Rhabarber-Ragout

FÜR 20 PORTIONEN

ERDBEERRÖLLCHEN
› 4 Eiweiß
› 120 g Puderzucker
› 150 g Magerquark
› 4 Blatt Gelatine
› 80 ml Erdbeerlimes
› 350 g klein geschnittene Erdbeeren
› 260 g geschlagene Sahne

ERDBEER-RHABARBER-RAGOUT
› 90 g brauner Zucker
› 300 ml Multivitaminsaft
› 40 ml Aperol
› Stärke
› 400 g klein geschnittener Rhabarber
› 200 g klein geschnittene Erdbeeren

FERTIGSTELLUNG
› Minzblättchen
› Vanillestangen

ERDBEERRÖLLCHEN › Eiweiß und Puderzucker steif schlagen, dann den Quark zugeben. Eingeweichte und ausgedrückte Gelatine im leicht erwärmten Erdbeerlimes auflösen und mit den Erdbeeren zur Masse geben. Geschlagene Sahne vorsichtig unterheben. Die fertige Masse auf Folie streichen und diese zu kleinen Röllchen zusammenrollen. Die fertigen Röllchen mehrere Stunden kühl stellen.

ERDBEER-RHABARBER-RAGOUT › Braunen Zucker karamellisieren, mit Multivitaminsaft auffüllen und kurz aufkochen lassen. Aperol zugeben und mit Stärke leicht eindicken, nochmals kurz kochen lassen, dann den Rhabarber zugeben. Nur noch kurz auf dem Herd stehen lassen, anschließend zur Seite stellen und durchziehen lassen. Kurz vor dem Servieren die Erdbeeren zugeben.

FERTIGSTELLUNG › Erdbeer-Rhabarber-Ragout auf einen Teller geben, gekühlte Röllchen vorsichtig auspacken, in Scheiben schneiden und auf das Ragout setzen. Mit Minzblättchen und je einer Vanillestange garnieren.

SCHOKOLADEN-NUGAT-TÖRTCHEN

FÜR 30 TÖRTCHEN

WEISSE MOUSSE
› 1 Ei
› 2 Eigelb
› 1 EL Zucker
› 20 ml weißer Rum
› 20 ml weiße Crème de Cacao
› 300 g geschmolzene weiße Kuvertüre
› 300 g geschlagene Sahne

NUGATMOUSSE
› 2 Eier
› 2 EL Zucker
› 20 ml Rum
› 40 ml Baileys
› 350 g geschmolzener Nugat
› 250 g geschlagene Sahne

FERTIGSTELLUNG TÖRTCHEN
› 30 Scheiben dunkler Bisquitboden (Ø 5 cm)
› 200 g geschmolzener Nugat

KROKANTDEKOR
› 90 g Zucker
› 170 g Mandeln

FERTIGSTELLUNG
› Johannisbeeren
› Minzblättchen

WEISSE MOUSSE › Ei mit Eigelb, Zucker, weißem Rum und Crème de Cacao über einem Wasserbad aufschlagen, etwas abkühlen lassen, dann die Kuvertüre unterziehen. Nochmals abkühlen lassen und anschließend die Sahne unterheben.

NUGATMOUSSE › Eier mit Zucker, Rum und Baileys über einem Wasserbad aufschlagen, etwas abkühlen lassen, dann den Nugat unterziehen. Nochmals abkühlen lassen und anschließend die Sahne unterheben.

FERTIGSTELLUNG TÖRTCHEN › Bisquitboden in mit Folie ausgelegte Ringe mit 5 cm Durchmesser geben und abwechselnd die beiden Mousses einschichten. Als Abschluss temperierten Nugat daraufgießen und wellenartig bis zum Rand verteilen. Törtchen einige Stunden kühl stellen.

KROKANTDEKOR › Zucker karamellisieren, Mandeln zugeben und vermengen. Masse auf eine Silikonmatte geben und auskühlen lassen. Anschließend fein hacken und erneut dicht auf eine Silikonmatte streuen, bei 200 °C in den Ofen schieben. Sobald der Krokant zu einer Platte schmilzt, herausnehmen, kurz mit dem Nudelholz glatt rollen, sofort die Segel ausschneiden, in eine Dachrinnenform legen und wieder erkalten lassen.

FERTIGSTELLUNG › Törtchen aus dem Ring nehmen, anrichten und mit einem Krokantsegel, Johannisbeeren und Minzblättchen garnieren.

MANGORÖLLCHEN

mit Quarkfüllung

FÜR 20 RÖLLCHEN

› 3-4 reife Mangos (nicht zu weich)
› 100 g Mangomark
› 3 Blatt Gelatine
› 40 ml Maracujalikör
› 250 g Sahnequark
› 30 g Puderzucker
› 120 g geschlagene Sahne
› Himbeermark
› Minzblätter

Mangos mit Schale auf der Aufschnittmaschine in dünne Scheiben schneiden. Die Scheiben sollten ausreichend stark sein, damit man gut Röllchen formen kann. Scheiben in passend große Rechtecke schneiden und in Folie aufbewahren.

Mangomark erwärmen und die eingeweichte und ausgedrückte Gelatine darin auflösen. Likör zugeben und mit Sahnequark und Puderzucker glatt rühren, anschließend die Sahne unterheben. Masse in einen Dressiersack mit Lochtülle geben und auf die Mangoplatten dressieren. Vorsichtig einrollen und 2 Stunden kühl stellen. Mit Himbeermark und Minze garnieren.

ZITRUSFRUCHTGELEE

mit Bitterschokolade

FÜR 20 STÜCK

FRUCHTGELEEWÜRFEL
› 300 g rosa Grapefruitfilets
› 100 g weiße Grapefruitfilets
› 300 g Orangenfilets
› 100 g Limonenfilets
› 200 ml frisch gepresster Orangensaft
› 18 Blatt Gelatine

SCHOKOLADENRAHMEN
› 400 g Bitterkuvertüre oder fertige Formen (im Fachhandel erhältlich)

FERTIGSTELLUNG
› Minzblättchen

FRUCHTGELEEWÜRFEL › Zitrusfruchtfilets würfeln. Die Hälfte des Orangensaftes erwärmen und die eingeweichte und ausgedrückte Gelatine darin auflösen. Filets und restlichen Saft damit vermischen und in Silikonwürfelformen von 5 cm x 5 cm füllen. Zum Gelieren 4-5 Stunden kühl stellen.

SCHOKOLADENRAHMEN
› Die Kuvertüre auf 32 °C temperieren und mit einer Winkelpalette dünn auf eine Acetatfolie auf einer Marmorplatte streichen. Bevor die Kuvertüre vollständig ausgekühlt ist, mit einem Lineal 80 Stücke von 6 cm x 3 cm ausschneiden. Die Kuvertüre kurz kühlen und erst dann die Rechtecke von der Folie lösen. Anschließend mithilfe von etwas flüssiger Kuvertüre in einem kleinen Spritzbeutel zu „Rahmen" zusammenfügen. Diese nach der Fertigstellung sofort wieder kühl stellen.

FERTIGSTELLUNG › Zum Anrichten die Geleewürfel stürzen und in die Rahmen setzen, jeweils ein kleines Minzblättchen darauflegen.

SCHLOSSER BUBEN

mit Mascarpone-Pistazien-Schaum

20 PORTIONEN

SCHLOSSER BUBEN
- › 20 eingelegte Rumpflaumen, entsteint
- › 20 ganze Mandelkerne, geschält
- › 2 Eier
- › 100 g Mehl
- › 2 Tropfen Bittermandelöl
- › 120 ml Milch
- › 40 ml flüssige Butter
- › 40 g Zucker
- › 1 TL Vanillezucker
- › Zitronenabrieb
- › Mehl
- › 2 l Sonnenblumenöl
- › Puderzucker

SCHAUM
- › 250 g Mascarpone
- › 80 ml Läuterzucker
- › 60 g Pistazienpaste
- › 40 ml Amaretto
- › 150 g geschlagene Sahne

SCHLOSSER BUBEN › Die entsteinten Pflaumen mit je einem Mandelkern füllen. Eier und Mehl in einer Schüssel mit einem Schneebesen glatt rühren. Anschließend Bittermandelöl, Milch, Butter, Zucker, Vanillezucker und etwas Zitronenabrieb hinzugeben und glatt rühren. Pflaumen abtupfen, in Mehl wenden, abklopfen und durch den Backteig ziehen. Direkt in das 170 °C heiße Sonnenblumenöl geben und darin goldgelb ausbacken. Kurz auf ein Tuch legen und mit Puderzucker bestäuben.

SCHAUM › Mascarpone mit Läuterzucker, Pistazienpaste und Amaretto glatt rühren. Vor dem Servieren die geschlagene Sahne unterheben.

FERTIGSTELLUNG › Schlosser Buben auf einen Spieß stecken. Den fertigen Mascarpone-Schaum in ein Glas geben und den Spieß anlegen.

MELONEN-MOZZARELLA-LASAGNE

mit Minzgelee und Himbeeren

FÜR 10 STÜCK

› 3 Büffelmozzarella
› 1 Charantais-Melone
› Erdnussöl
› Mark von 1 Vanilleschote
› Passionsfruchtessig
› 30 ml Multivitaminsaft
› Tabasco
› 1 Msp. Meersalz
› 230 ml trockener Weißwein
› 40 g Minze
› 3 Blatt Gelatine
› 80 ml Minzsirup (Monin)

FERTIGSTELLUNG
› 10 Himbeeren

Mozzarella in dünne Scheiben schneiden und mithilfe eines Ausstechers von 4 cm Durchmesser Kreise herstellen. Pro Törtchen werden 2 Scheiben benötigt. Melone schälen, in der gleichen Dicke aufschneiden und ebenfalls Kreise mit 4 cm Durchmesser ausstechen. Pro Törtchen werden 3 Scheiben benötigt. Das Erdnussöl in einer Pfanne leicht erhitzen und die Melonenscheiben auf beiden Seiten kurz anbraten. Vanillemark, je einen Spritzer Passionsfruchtessig, Multivitaminsaft sowie Tabasco und Meersalz verrühren und über die Melonenscheiben geben. Vom Herd nehmen und etwa 10 Minuten ziehen lassen. Den Weißwein auf 60 °C erwärmen, die Minze zugeben und ebenfalls kurz ziehen lassen. Anschließend die eingeweichte und ausgedrückte Gelatine zugeben und auflösen. Den Minzsirup zugeben, die Mischung durch ein Sieb auf ein Blech gießen und 3 Stunden kühl stellen. Anschließend aus dem fertigen Minzgelee Kreise von 4 cm Durchmesser ausstechen. Es werden 10 Kreise benötigt.

FERTIGSTELLUNG › Zum Anrichten Melonen- und Mozzarellascheiben abwechselnd übereinander schichten, Minzgelee-Kreise auflegen und mit je einer Himbeere garnieren.

WEISSE KAFFEE-PANNA-COTTA

mit Cassissorbet und Physalisperlen

FÜR 30 PORTIONEN

PANNA COTTA
› 400 ml Milch
› 600 ml Sahne
› 400 g Kaffeebohnen (Arabica)
› 80 ml weiße Crème de Cacao
› 60 g Zucker
› 14 Blatt Gelatine

CASSISSORBET
› 200 g Cassismark
› 80 ml Weißwein
› 80 ml Crème de Cassis
› 20 g Glukose
› 30 g Puderzucker

PHYSALISPERLEN
› 400 g Physalis
› 20 ml Orangenlikör
› 2 g Algin (Texturas)
› 3 g Calcic (Texturas)

FERTIGSTELLUNG
› Minzblättchen

PANNA COTTA › Milch und Sahne mischen, die Kaffeebohnen zugeben und bei etwa 65 °C 4-5 Stunden ziehen lassen. Crème de Cacao und Zucker zugeben. Eingeweichte und ausgedrückte Gelatine zufügen und alles gut verrühren. Anschließend abpassieren und in eine Form füllen. 5-6 Stunden kühl stellen.

CASSISSORBET › Cassismark, Weißwein, Crème de Cassis, Glukose und Puderzucker verrühren und in einem Pacojet-Becher etwa 5 Stunden frieren.

PHYSALISPERLEN › Physalis mixen und passieren. Es werden etwa 200 ml Saft benötigt. Orangenlikör zum Saft geben und in ein Drittel der Flüssigkeit das Algin einrühren. Zum Rest der Flüssigkeit geben und 1-2 Stunden ruhen lassen. Das Calcic in 600 ml Wasser einrühren. Den Physalis-Algin-Mix mit einer Pipette in das Calcicwasser eintröpfeln, nach 1 Minute die fertigen Perlen herausnehmen und kurz mit Wasser abspülen. Auf einem mit Küchenkrepp belegten Teller abtropfen lassen.

FERTIGSTELLUNG › Zum Anrichten die Panna cotta aus der Form stürzen und in kleine Rechtecke schneiden. Das Sorbet pacossieren, eine Nocke abstechen und auf die Panna cotta setzen. Mit den Physalisperlen und Minzblättchen garnieren.

EIERLIKÖRMOUSSE

FÜR 30 PORTIONEN

EIERSCHALEN-„BECHER"
› 30 Eier

EIERLIKÖRMOUSSE
› 2 Eier
› 3 Eigelb
› 3 EL Zucker
› 40 ml Orangensaft
› 3 Blatt Gelatine
› 200 g geschmolzene weiße Kuvertüre
› 250 ml Eierlikör
› 450 g geschlagene Sahne

FERTIGSTELLUNG
› 200 ml Eierlikör
› 3 Blatt Gelatine

EIERSCHALEN-„BECHER" › Eier von der Seite her öffnen und mit der Nagelschere gleichmäßig knapp über der Hälfte zuschneiden. Anschließend ausspülen und trocknen.

EIERLIKÖRMOUSSE › Eier mit Eigelb, Zucker und Orangensaft über dem Wasserbad schaumig schlagen. Eingeweichte und ausgedrückte Gelatine unterziehen, geschmolzene Kuvertüre unterrühren, dann den Eierlikör. Masse etwas abkühlen lassen, anschließend die Sahne unterheben und die fertige Masse in die Eierschalen füllen.

FERTIGSTELLUNG › Eierlikör leicht erwärmen, eingeweichte und ausgedrückte Gelatine darin auflösen, in Silikon-Halbkugelformen füllen und kühl stellen. Die Halbkugeln noch vor dem vollständigen Anziehen der Mousse aus den Formen nehmen und als „Eigelb" auf die Mousse in den Eierschalen setzen.

GRÜNES APFELSORBET

mit Kefir und Grenadine

FÜR 20 PORTIONEN

APFELSORBET
- 600 g Mark vom grünen Apfel (selbst hergestellt oder gekauft)
- 80 g Puderzucker
- 300 ml Cidre
- Saft von 1 ½ Limonen
- 40 ml Apfelkorn

KEFIR
- 600 g Kefir
- 30 g Honig
- 3 Granatäpfel

APFELSORBET › Apfelmark mit Puderzucker, Cidre, Limonensaft und Apfelkorn glatt rühren, in einen Pacojet-Becher geben und etwa 6 Stunden gefrieren. Das Sorbet kurz vor dem Anrichten pacossieren.

KEFIR › Kefir mit Honig glatt rühren, dann die Granatapfelkerne unterheben.

FERTIGSTELLUNG › Zum Anrichten den gut gekühlten Kefir in ein Thermoglas geben, einige Granatapfelkerne aufstreuen und eine Kugel Sorbet daraufsetzen.

GEEISTER KOKOSZYLINDER

mit Blaubeeren

FÜR 20 PORTIONEN

KOKOSZYLINDER
› 3 Eiweiß
› 40 g Puderzucker
› Saft von 1 Zitrone
› 80 ml Batida de Côco
› 150 g süßes Kokosmark
› 250 g geschlagene Sahne

BLAUBEERKOMPOTT
› 60 g brauner Zucker
› Wasser
› 200 ml roter Portwein
› 400 g frische Blaubeeren

FERTIGSTELLUNG
› Minzblättchen

KOKOSZYLINDER › Eiweiß schaumig schlagen und schrittweise den Puderzucker unterheben, bis eine feste cremige Masse entsteht. Nach und nach Zitronensaft, Batida de Côco, Kokosmark und zum Schluss die geschlagene Sahne unterheben. Masse in vorbereitete Papierspitztüten einfüllen, diese in einen passenden Ständer stellen und einige Stunden durchfrieren.

BLAUBEERKOMPOTT › Den braunen Zucker in einem Topf karamellisieren, mit einem Schuss Wasser ablöschen, dann mit Portwein auffüllen und kurz durchkochen lassen, bis sich der Karamell aufgelöst hat. Anschließend die Blaubeeren einlegen und den Topf vom Herd nehmen.

FERTIGSTELLUNG › Zylinder vorsichtig auspacken, damit die Spitze nicht abbricht. An der Unterseite gerade abschneiden und auf einen Teller setzen. Das lauwarme Beerenkompott um den Zylinder geben. Mit Minzblättchen garnieren.

CREME IM GLAS

mit Himbeerschaum

FÜR 20 GLÄSER

MOUSSES

DUNKLE MOUSSE
- 1 Ei
- 1 Eigelb
- 1 EL Zucker
- 20 ml Cognac
- 20 ml Crème de Cacao
- 175 g dunkle Kuvertüre
- 300 g geschlagene Sahne

WEISSE MOUSSE
- 1 Ei
- 1 Eigelb
- 1 EL Zucker
- 20 ml weißer Rum
- 20 ml weiße Crème de Cacao
- 175 g weiße Kuvertüre
- 250 g geschlagene Sahne

HIMBEERSCHAUM
- 600 ml Himbeersaft
- 30 g Puderzucker
- 4 g Lecithin

MOUSSES › Für die Mousses Ei, Eigelb, Zucker sowie die Alkoholika über dem Wasserbad schaumig schlagen. Abkühlen lassen, dann die temperierte Kuvertüre zugeben und glatt rühren. Anschließend vorsichtig die Sahne unterheben. Beide Mousses in eine große Schüssel geben und vorsichtig mit einem Spatel marmorieren. Die fertige Masse in einen Dressiersack füllen und in Gläser spritzen.

HIMBEERSCHAUM › Himbeersaft mit Puderzucker verrühren, Lecithin zugeben und mit dem Stabmixer aufschäumen. Den Schaum erst kurz vor dem Servieren auf die Mousse geben.

BUNTE EISLOLLIES

FÜR JE 50 STÜCK

AMARENA
- 2 Eier
- 60 ml Amarenakirschsaft
- 80 g Mascarpone
- 40 ml Kirschlikör
- 60 g klein geschnittene Amarenakirschen
- 250 g geschlagene Sahne
- 50 Zartbitter-Hohlkörper
- 600 g Fondant
- 120 ml Kirschlikör

NUGAT
- 2 Eier
- 2 EL Zucker
- 60 ml Amaretto
- 150 g geschmolzener Nugat
- 250 g geschlagene Sahne
- 50 Milchschokoladen-Hohlkörper
- 300 g geschmolzene Vollmilchkuvertüre
- 500 g geröstete Haselnüsse, gehackt

ORANGENSCHOKOLADE
- 2 Eier
- 2 Eigelb
- 2 EL Zucker
- 60 ml frisch gepresster Orangensaft
- 40 ml Grand Marnier
- 220 g gehackte weiße Kuvertüre
- Abrieb von 1 Orange
- 250 g geschlagene Sahne
- 50 Weiße-Schokolade-Hohlkörper
- 300 g geschmolzene weiße Kuvertüre
- 300 g Orangenschalen-Zucker-Mischung

AMARENA › Eier mit Kirschsaft über dem Wasserbad aufschlagen, Mascarpone, Kirschlikör und Kirschen unterziehen. Abkühlen lassen. Sahne unterheben und die fertige Masse mithilfe eines Spritzbeutels in die Hohlkörper füllen und einige Stunden frieren. Auf Holzspieße stecken und in eine Mischung aus Fondant und Kirschlikör tauchen.

NUGAT › Eier mit Zucker und Amaretto über dem Wasserbad aufschlagen, Nugat unterziehen, abkühlen und die Sahne unterheben. Masse mithilfe eines Spritzbeutels in die Hohlkörper füllen und einige Stunden frieren. Auf Holzspieße stecken und zuerst in die geschmolzene Vollmilchkuvertüre tauchen, dann in den gehackten Nüssen wälzen.

ORANGENSCHOKOLADE › Eier mit Eigelb, Zucker, Orangensaft und Grand Marnier über dem Wasserbad aufschlagen, dann Kuvertüre und Orangenabrieb unterziehen. Abkühlen und die Sahne unterheben. Masse mithilfe eines Spritzbeutels in die Hohlkörper füllen und einige Stunden frieren. Auf Holzspieße stecken und zuerst in die geschmolzene Kuvertüre tauchen, dann in Orangenzucker wälzen.

ANHANG

GEBACKENES
die große Brotvielfalt

Überbackenes Kartoffelbrot mit Röstzwiebeln und Kümmelkrokant	10
Tramezzini-Sandwich in Variationen	12
Profiteroles mit Chorizocreme	13
Roquefort-Kanapee mit Honig-Essig-Kirschen	14
Tramezzini Vitello Tonnato	14
Quiche in Variationen	19
Garnelen-Avocado-Kanapee	19
Olivenbrioche mit Thunfischtatar	20
Kleine Calzone	21
Edle kleine Hamburger	22
Crostini gratiniert und gefüllt	25
Gewürzteigblätter	26
Käsestangen	27
Doppelwellenpizza	28

ANTIPASTI & TAPAS
rund ums Mittelmeer

Dreierlei Dips mit verschiedenen Chips	33
Gefüllte Feigen mit Salzmandeln	34
Gefüllte Tomaten auf Mozzarellacreme	35
Crêpesrouladen in Variationen	37
Entenleberkugeln mit Dörrobstchutney	38
Gänseleberparfait mit Physalisgelee	40
Sepiaröllchen mit Ratatouillesülze	41
Roastbeef-Röllchen mit Kartoffelkäse	42
Spargelspitzen im Räucherlachsmantel mit Spargel-Milchschaum	46
Löffelsaltimbocca auf Tomatensugo	46
Jakobsmuscheln in Seranoschinken mit Tomatencoulis und Pesto	47
Rindertatar im Kartoffelring	49
Melonen-Thunfisch-Spieß mit Sesamcreme	50
Schinkenröllchen mit Gorgonzolafüllung	51
Tellersülze vom Kalbstafelspitz mit Apfel-Meerrettich-Creme	53
Oktopusgelee mit Blumenkohlmousse	54
½ Dutzend Austern in Variationen	57

SALATE
Klassik trifft Innovation

Blattsalate im Brotring mit Pecorino	60
Eier-Salami-Salat	62
Salat vom Steinbutt mit rosa Grapefruit und Pata-Negra	63
Glasnudelsalat mit Physalis und Wachtelkirsche	64
Salat vom Spargel „polnisch" mit gebeiztem Lachs	66
Gelierte Linsen mit Speck und Zandertatar	69
Chicorée-Schiffchen mit Pulpo und geschmolzenem Radicchio	70
Gurken-Melonen-Schlangen mit Heilbutttatar	72
Kalbsbries-Bohnen-Salat mit Sherrycreme	74
Steinpilzsalat mit Knoblauchchips	75
Linsen-Gemüse-Salat mit Entenbrust	76
Nudelsalat am Spieß mit Paprika und Salami	77

SÜPPCHEN
heiß und kalt

Erbsencappuccino	80
Limonen-Kokossuppe	81
Gemüsesorbets	82
Kerbelschaumsüppchen mit Knusperbällchen vom Zander	85
Apfelweinsüppchen mit gebeiztem Saibling	86
Forellenconsommé mit Bonbon	87
Birnenkaltschale mit Roquefortmousse	88
Safran-Blumenkohl-Süppchen mit gebratener Jakobsmuschel	89
Kürbisschaumsuppe mit Speckpflaume	90
Karotten-Curry-Schaumsuppe mit Taubenbrust	92
Wildentenessenz mit Trüffelroulade	93
Zitronengrasessenz mit Maishähnchenbällchen	96
Spargelcreme mit krossem Speck	96
Ochsenschwanzgelee mit Balsamicogemüse	97
Pikantes Melonensüppchen mit Garnele in der Asiakruste	98
Hähnchenkraftbrühe „thailändisch"	99

VEGGIE
knackig, frisch und vielfältig

Melonenwürfel mit altem Balsamico und Parmesan	102
Gebackene Wachteleier mit Rote Bete- und Spinatpüree	103
Petersilienwurzelravioli mit Petersilienpüree	104
Wasabi-Gurken-Panna-cotta	105
Rote-Bete-Risotto mit Essigäpfeln	106
Gorgonzolatartlett mit Spinatkugel	109
Gefülltes Minigemüse	110
Geschmorte Vanillekarotten mit grünen Mandeln	112
In Soja gebratener Spargel mit Chilikartoffeln	113
Bunter Kartoffelsalat mit Grapefruit-Vinaigrette	114
Ratatouillespieße	115
Pfifferlinge in Madeiragelee mit pikantem Joghurt	117
Brokkoli-Mille-feuille mit Trüffelspänen	118
Selleriröllchen mit Lauchfüllung	119
Pilzlasagne mit Bärlauch	120
Kartoffelspitzen mit Sauerkrautfüllung	123

FISCH & MEERESFRÜCHTE
Edles im Kleinen

Warme Terrine von zweierlei Karpfen	126
Lachssavarin mit Pesto-Spinat-Creme	127
Loup de mer auf Paprikarisotto	128
Seezungenröllchen mit Orangen-Fenchel-Gemüse	129
Seeteufel mit Morchel und Gänseleberstick	131
Jakobsmuscheln mit Nüssen auf Lauchschaum	132
Forelle mit Kohlrabipüree und Kaviar	133
Spaghetti-Halbkugel mit Jakobsmuschel und Spinat	134
Pulpo im Kürbiskleid mit Röstzwiebeljus	135
Meeräsche mit Kartoffelpüree und Blumenkohl	136
Heringstatar mit Rote-Bete-Relish und Zwiebelcreme	139
Fischeintopf in der Kartoffel	140
St.-Pierre-Filet auf Mandarinensellerie und Mandelgelee	141
Saiblingsfilet im Kartoffel-Apfel-Mantel	142
Steinbutt-Cordon-bleu mit Serano-Mozzarella-Füllung	143
Makrelen-Gurken-Spieß mit Pumpernickel	145

FLEISCH
ein Biss(chen) Hauptgang

Lamm in Bärlauchkruste mit Tomatenpüree und Pesto	148
Lammfilet im Paprikamantel auf Rosmarinpolenta	149
Kalbsleberspieß mit Bries	150
Kalbspflanzerl mit Spiegelei und Kartoffel-Spinat-Creme	151
Kalbsschwanzragout mit Selleriepüree und Lauch	152
Kalbsschwanzkrapfen auf Kartoffel-Schnittlauch-Püree	155
Hirschschulter mit Essigzwetschgen und Gewürzbrotcroûtons	156
Entenbrustroulade mit Stopfleber und Feigentarte	157
Ingwer-Honig-Ente auf Glasnudelsalat	158
Entenbrust mit karamellisierter Karotte	159
Entenkrapfen mit Curry-Mais-Creme und Ananas	160
Getrüffelte Perlhuhnbrust mit Kartoffelbaumkuchen und Erbsencreme	163
Wiener Backhendl mit Kartoffel-Gurken-Salat	164
Pichelsteiner	165
Surf and turf	165
Spanferkelbrust mit Rote Bete und Sauerrahm	168
Surhaxe vom Spanferkel mit Sauerkraut und Knödel	169
Filet vom Jungschwein in Senfsud mit Wirsing und Kartoffeln	170
Gebackene Weißwurst auf Kartoffel-Senf-Püree	171
Bauernschmaus	172

DESSERTS
cremig, knusprig, lecker

Haselnusscannelloni mit Birnenmousse	177
Aprikosenschnitte mit Nugatmousse	178
Grießflammerie mit Brombeeren	179
Gefüllte Datteln mit weißer Mousse und Streuseln	180
Erdbeerröllchen mit Erdbeer-Rhabarber-Ragout	181
Schokoladen-Nugat-Törtchen	182
Mangoröllchen mit Quarkfüllung	184
Zitrusfruchtgelee mit Bitterschokolade	185
Schlosser Buben mit Mascarpone-Pistazien-Schaum	186
Melonen-Mozzarella-Lasagne mit Minzgelee und Himbeeren	187
Weiße Kaffee-Panna-cotta mit Cassissorbet und Physalisperlen	188
Eierlikörmousse	190
Grünes Apfelsorbet mit Kefir und Grenadine	191
Geeister Kokoszylinder mit Blaubeeren	192
Creme im Glas mit Himbeerschaum	193
Bunte Eislollies	194

IMPRESSUM

ISBN 978-3-87515-068-1

© 2012 Matthaes Verlag GmbH, Stuttgart

Alle Rechte vorbehalten.

Nachdruck, auch auszugsweise, sowie Verbreitung durch Fernsehen, Film und Funk, durch Fotokopie, Tonträger oder Datenverarbeitungsanlagen jeder Art nur mit schriftlicher Genehmigung des Verlags gestattet.

Kreationen und Texte: Hubert Obendorfer, Neunburg vorm Wald
Fotografie: Matthias Hoffmann, Delmenhorst
Bild Seite 2: iStock (© Emilie Duchesne)
Bild Seite 4: Fotostudio Groh GmbH, Selb
Gestaltung: Büroecco Kommunikationsdesign GmbH, Augsburg

Printed in Germany

EIN GROSSES DANKESCHÖN FÜR DIE UNTERSTÜTZUNG AN: Florian Braun, Dimitri Buss, Christa Dirmaier, David Luke, Willi Müller, Markus Neudert, Markus Parnitzke, Christian Schider, Andreas Schraml, Franziska Wilfarth, Christian Wünsch und mein gesamtes restliches Team.